글로벌 에티켓과 이미지 메이킹

GLOBAL ETIQUETTE AND IMAGE MAKING

김수인 김윤숙 정영미 공저

GLOBAL ETIQUETTE AND IMAGE MAKING

양 성 원

머리말

세계경제포럼(다보스포럼)은 2020년까지 현존하는 직업의 710만 개가 사라지고 200만 개의 새로운 직업이 생겨날 것이라고 전망했다. 이렇듯 세계는 지금 제4차 산업혁명을 논하고 있다. 디지털 연결성의 자동화된 업무가 사회를 근본적으로 변화시키게 되고, 그 영향력으로 인해 인간의 삶은 완전히 바뀌게 된다고 한다. 이로 인해 교육 분야에도 많은 변화가 일어날 것이다. 전공이론 강의는 로봇이 진행하게 될 것이며, 인공지능(AI), 가상현실(VR)과 증강현실(AR) 등의 핵심적인 과학기술이 학습과정에 적용되어 새로운 모습으로 교육하게 될 것이다. 하지만 그 이상의 심화 부분에서는 인간의 내적 능력이 있어야만 하는 부분이 있다. 그 분야는 디지털이 대체되지 않는다. 따라서 디지털이 채워주지 못하는 내적인 면의 능력을 향상시킨다면 이러한 인재가 사회에서 성공할 것이다.

디지털 시대이지만 오히려 인간 고유의 내적 능력을 더욱 중요시 하는 것이 핵심이다. 심화된 내적 인성이 더욱 중요시 되며, 주변과 함께 어우러져 공동의 가치를 최대화할 수 있는 융합능력, 감성능력, 협업능력 등이 중요해진다. 인간의 내면을 표현하는 가장 중요한 행동요소에는 매너라는 덕목이 있다. 이러한 인성의 표현 방식은 매너와 에티켓으로 나타난다. 따라서 깊이 있는 매너 교육과 실천할 수 있는 교육방법으로 21세기 인재를 양성하는 것이 더욱 중요하다고 생각한다.

저자들은 항공사 객실서비스 분야에서 오랫동안 근무한 실무경험과 대학교에서 강의한 내용을 시대적 환경과 변화를 반영하여 글로벌 에티켓과 이미지 메이킹에 대해 이론과 실무를 가장 쉽게 이해할 수 있도록 집필하였다.

본서의 구성면에서는 '쉬어가기'를 통해 기본지식을 더하였고, '생각해 봅시다'를 통해 스스로 할 수 있는 힘을 심어주려고 하였다. 총 12개 장으로 대학에서 교재로 사용할 수 있도록 구성하였으며, 직장에서는 활용서로 사용할 수 있도록 하였다.

전반부에서는 매너와 에티켓의 개념을 이해시키고, 사회에서 필요한 실질적인 태도에 관한 내용들을 순차적으로 실습을 기반으로 구성하였고, 중반부에서는 성공적인 직장생활을 위한 비즈니스맨으로서 갖춰야 할 기본 매너와 세계 속의 글로벌 매너를 각 나라별 문화를 이해시켜 자연히 배울 수 있도록 하였다.

취업은 그동안 갈고 닦은 자신을 세상에 내어놓는 인생의 중요한 관문이다. 따라서 후반부에서는 이미지 메이킹, Hair-Do, Make-Up, 옷차림 등을 내게 맞는 컬러를 기반으로 성공적인 취업면접 준비를 위한 핵심 프로세스를 제시했다. 본서와 함께한다면 막연하기만 했던 취업준비와 비즈니스로서 갖춰야 할 역량에 한층 현실적인 도움이 되리라 생각한다.

> 인간의 삶을 결정하는 열쇠는 생각이다. 아무리 완강하고 반항적인 사람이라도 자신만의 방향키를 따르는 셈이다. 그 방향키는 바로 생각이며, 그 생각에 따라 인간의 모든 경험과 현실이 좌우된다. 기존의 생각을 압도할 수 있는 새로운 생각을 보여줘야만 그를 다른 사람으로 변화시킬 수 있다. – 랠프 왈도 에머슨(Ralph Waldo Emerson)

본서가 여러분의 생각을 압도할 수 있는 방향키가 되길 바란다.

끝으로 원고 작업에 도움을 주신 양성원 도서 출판 대표님과 직원분들께 깊은 감사를 드린다.

2019년 8월

저자 일동

차례

Chapter 01 매너와 에티켓 9

1. 매너와 에티켓의 정의 10
2. 매너와 에티켓의 필요성 17
3. 매너와 에티켓의 기본개념 17

Chapter 02 인사/자세 25

1. 인사의 의미 26
2. 인사의 자세 28
3. 인사의 종류 31
4. 상황별 인사말 33
5. 자세 37
6. 또 다른 인사, 악수 41
7. 명함 45
8. 방향 지시 및 물건 전달 49

Chapter 03 표정 55

1. 표정의 중요성 56
2. 밝은 표정의 효과 57
3. 밝은 표정 점수 59
4. 밝은 표정 만들기 60

Chapter 04 대화(커뮤니케이션) 69

1. 커뮤니케이션의 정의 70
2. 커뮤니케이션의 요소 71
3. 효과적인 말하기 72
4. 마음을 여는 듣기 82
5. 비언어적 커뮤니케이션 84

Chapter 05 성공적인 직장생활을 위한 비즈니스 매너 89

1. 비즈니스 매너 90
2. 보고 매너와 지시 매너 97
3. 전화매너 99

Chapter 06 세계 속의 글로벌 매너 I 109

1. 이문화의 이해 110
2. 각 나라별 세계인의 에티켓과 매너 113
3. 세계인의 보디랭귀지 126

Chapter 07 세계 속의 글로벌 매너 II 131

1. 테이블 매너 132
2. 해외여행 매너 144

Chapter 08 성공을 위한 이미지 메이킹 153

1. 이미지의 이해 154
2. 이미지 메이킹 161

Chapter 09 Hair-Do & Make-Up 167

1. Hair-Do 168
2. Make-Up 186

Chapter 10 성공적인 옷차림 219

1. 나의 체형 진단 220
2. 체형별 코디네이션 222
3. 여성의 성공적인 스타일 코디네이션 228
4. 남성의 성공적인 스타일 코디네이션 230

Chapter 11 컬러 진단 245

1. 퍼스널 컬러의 개념 및 측정방법 246
2. 퍼스널 컬러 분류 251

Chapter 12 취업 면접 267

1. 성공적인 취업을 위한 첫걸음 268
2. 취업준비와 면접요령 275
3. 모의 훈련 277

Chapter

01

매너와 에티켓

Chapter 01

매너와 에티켓

학습목표

- 현대사회에서 바람직한 인간관계 정립을 위한 매너와 에티켓에 대해 이해한다.
- 매너와 에티켓의 차이를 알고 실생활에 적용할 수 있다.
- 타인의 이해를 바탕으로 바람직한 교양인의 자세 및 자질을 함양한다.

1 매너와 에티켓의 정의

현대사회에서 성공적인 사회생활을 위해 갖추어야 할 필요 덕목 중 하나가 바로 '매너(manner)'라고 할 수 있다. 시대가 바뀌고 생활양식에 따라 달라지는 부분도 있지만 상대방을 존중하고 배려하는 기본의 마음가짐은 바뀌지 않는다. 일상생활에서 서로에 대한 양보와 작은 친절은 한 사람의 인격을 향상시키고, 사회의 기초질서를 지켜나아갈 수 있는 것이다. 이러한 것이 매너이고 에티켓이며 예절이다.

사회생활에서 매너는 개인의 경쟁력이라 할 수 있다. 글로벌시대에 걸맞는 올바른 매너를 습득하여 성공적인 사회생활을 이끌어 나아가야 한다.

예로부터 '예절(禮節)', '예의범절(禮儀凡節)'이라 하여 다른 사람과 조화롭고 원만한 관계유지를 위한 규범과 절차를 중요시하며 일상생활의 기본으로 여겨왔다. 오늘날도 인간관계에서 기본적으로 지켜야 할 태도 및 규범 등을 일컬어 에티켓(etiquette) 또는 매너(manner), 예절 등으로 혼용해서 사용하고 있다. 각각의 용어의 의미나 유래는 다소 차이가 있으나 사회생활에서 상황과 장소에 맞도록 행동해야 할 바람직한 태도라는 의미로 통용된다고 할 수 있다.

1) 매너

(1) 매너의 정의

매너(manner)의 사전적 의미를 살펴보면 행동하는 방식이나 자세, 몸가짐, 버릇, 태도라고 정의하고 있으며, 사람과의 관계에서 지켜야 할 예의와 절차라고도 한다. 이렇듯 매너라는 것은 개인이 가지고 있는 독특한 습관과 태도라고 할 수 있으며, 이는 일상생활을 하며 상대방을 대할 때 나타나는 본인만의 몸가짐이라 할 수 있다.

(2) 매너의 유래

매너는 원래 'Manuarius'라는 라틴어에서 생겨났다. 'Manus'와 'Arius'의 합성어로 'Manus'는 손(hand)이라는 뜻 외에 사람들의 습관과 행동 등의 의미를 내포하는 말이다. 'Arius'는 More at manual, More by the manual로 방식, 방법의 의미를 나타낸다. 매너는 사람의 행동과 습관이 표현되는 방식, 방법으로 설명할 수 있다. 어떠한 상황에 따라 행해야 하는 규범에 대해 사람마다 가지고 있는 습관과 행동이 다를 수 있으며, 이에 따라 '매너가 좋다, 나쁘다'로 표현하기도 한다.

인간의 관계에서 매너를 지키지 않아 법이나 국가의 처벌 등의 제재가 가해지지는 않지만 세련되고 바람직한 몸가짐으로 개인의 이미지와 품격을 높일 수 있다. 특히 최근에는 매너모드, 매너손, 무대매너 등 매너 합성어들이 널리 사용되고 있으며, 이러한 현상은 현대인의 일상이 타인에 대한 배려와 기본적인 생활규범으로 도덕적인 기본 매너가 중시됨을 알 수 있다.

2) 에티켓

(1) 에티켓의 정의

에티켓(etiquette)은 사회생활을 하며 장소와 상황에 따라 행해야 할 바람직한 행동양식으로 행동의 기준이 되는 것이다. 에티켓은 특정한 사회집단이나 시대, 문화, 종교에 따라 전통적인 규범이 정해지고 이러한 것을 사회 구성원들은 상대방을 대하는 기준의 행동규범으로 삼고 있다.

(2) 에티켓의 유래

에티켓(etiquette)은 고대 프랑스어의 동사인 'Estiquier(붙이다)'에서 유래되었으며, 출입금지를 의미하는 나무말뚝에서 파생되었다. 루이 14세때 베르사유 궁전의 파티에 참석한 사람들이 정원에 들어가 정원의 꽃을 밟고 망가뜨려서 궁전 정원관리사가 정원 주변에 'estiquier'라고 나무말뚝에 새겨 출입을 금지했다. 이는 단순히 정원을 출입금지하는 의미뿐만 아니라 다른 사람에게 피해를 주지 않는 사회인으로서 지켜야 할 규범으로 '예의를 지킨다'는 뜻으로 확산되고, 이것이 에티켓이 되었다고 한다.

또 다른 설에 의하면 베르사유 궁전에 출입하는 사람들에게 입장권(etiquette)을 나누어주고, 입장권에는 신분에 따라 궁전에서 지켜야 할 예법과 예식절차 등이 적혀 있었다. 이러한 것에 따라 행동하였을 때 사람들은 에티켓에 맞는 행동을 했다라고 하였으며, 행동의 기준으로 인식하게 되었다고 유래되기도 한다.

한편, 프랑스 19세기 말에는 부르주아 사교계의 '관례(usage)' 및 '예의범절(civilité)'이 오늘날 프랑스 에티켓의 바탕이 되었으며, 현대에 와서는 에티켓의 의미가 변화되어 일상생활에도 적용되는 보편적인 예의를 뜻하게 되었다.

이러한 에티켓은 누구나 지켜야 할 기본의 행동과 규범이며 단순한 행동이 아닌 상대를 배려하고 존중하는 마음의 표현으로 인간관계를 유지하고 발전시키기 위한 상호 간의 약속이라고 할 수 있다. 이렇듯 개인 간의 바람직한 행동의 규범을 에티켓이라 하고, 국가 간의 외교의례를 프랑스어로 프로토콜(protocole)이라 하여 규정하였다. 에티켓은 국가와 관습,

문화권 등에 따라 다르지만 상대를 먼저 생각하고 이해하려는 마음가짐과 존중해 주는 태도로 대할 때 자신 스스로의 품위를 높이고 성공적인 인간관계를 이끌어 갈 수 있다.

쉬어가기

루이 14세 [Louis XIV]

루이 14세는 세계사를 통틀어 가장 유명한 군주의 하나다. '절대주의'는 그의 이름과 떼어 놓고 생각할 수 없으며, 그는 막강한 권력을 쥐고 흔들며 화려한 궁정 생활의 극치를 보여주었다고 여겨진다. 루이 14세는 루이 13세와 안 도트리슈 왕비의 아들로 1638년에 태어났으며, 태어나자마자 '신의 선물'이라는 칭호를 받는다. 그리고 1643년, 루이 13세가 세상을 떠나며 겨우 여섯 살의 나이에 프랑스의 왕이 된다. 이탈리아 출신의 재상 마자랭에게 전적으로 의존하여 나랏일을 하던 중 마자랭이 1661년에 죽음으로써 루이 14세는 본격적으로 군림하기 시작했다. 스페인 왕실의 마리 테레즈와 혼인함으로써 강력한 스페인의 지원을 얻고, 부르주아 출신 중에서 비서관들을 발탁하여 철저히 자신의 명령에 복종하는 총신들로 삼았다. 루이 14세는 행정개혁으로 권력을 늘리고, 자신을 알렉산드로스나 헤라클레스에 비겼으며, 예술가들을 후원함으로써 고전주의 예술이 프랑스를 중심으로 꽃피었다. 그리고 1662년부터 태양왕으로서의 자신을 빛내 줄 세상에서 가장 화려하고 웅장한 무대, 베르사유궁을 짓기 시작하고, 그곳으로 거처를 옮긴 1682년 이후 궁정에서는 복잡하고 세밀한 에티켓, '세련된 궁정 예법'이 도입되었다. 만찬의 진행 순서, 좌석 배치와 각자 입을 옷, 취할 행동 등이 하나하나 지정되었을 뿐 아니라 왕의 옷을 입히는 일과 세수를 시키는 일, 코를 풀게 하는 일 등도 다 격식대로 정해졌다. 그 담당자도 제각기 따로 있었다.

루이 14세가 베르사유에, 에티켓에 열정을 쏟은 이유는 왕권을 강화하고 유지하려는 강한 집념을 찾아볼 수 있다. 루이 14세가 남긴 것은 무엇일까? '루이 14세 양식'이라고 불리는 미술사적인 흔적, 융성했던 고전주의 문학과 초기 자본주의의 실마리. 그러나 그보다 더 중요한 유산은 그가 마지막으로 남긴 말에서 찾을 수 있다. "짐은 이제 죽는다. 그러나 국가는 영원하리라." 어찌됐든 루이 14세 시대에 프랑스는 국가의 틀을 갖추었다.

출처 : [네이버 지식백과] 루이 14세 [Louis XIV] – 프랑스의 왕 (인물세계사, 함규진)

3) 예절

(1) 예절의 정의

예절(禮節)이라 함은 동양의 유교사상에서 비롯된 것으로, 예(禮)란 사람이 마땅히 지켜야 할 도리를 뜻하며, 절(節)은 신념이나 신의 등에 굽히거나 바꾸지 않는 태도를 말한다. 즉, 예절이란 사람을 대함에 있어서 규범에 맞는 태도와 마음가짐이라 할 수 있다.

예의범절은 매너(Manner)와 에티켓(Etiquette)을 포함하는 의미를 지니고 있으며, 원만한 인간관계를 유지하기 위해 갖추어야 할 모든 예의와 절차, 생활규범을 행하는 행위라고 할 수 있다.

(2) 예절의 유래

예의범절(禮儀凡節)의 기본은 유교를 바탕으로 하는 삼강오륜(三綱五倫)을 통하여 자신을 낮추며 상대를 공경하는 마음으로 예를 다하는 것을 시작점으로 하였다.

삼강오륜이란 유교의 도덕사상에서 기본이 되는 3가지의 강령(綱領)과 5가지의 인륜(人倫)을 뜻한다. 삼강은 군위신강(君爲臣綱)·부위자강(父爲子綱)·부위부강(夫爲婦綱)을 말하며, 이것은 글자 그대로 임금과 신하, 어버이와 자식, 남편과 아내 사이에 마땅히 지켜야 할 도리이다.

오륜은 오상(五常) 또는 오전(五典)이라고도 한다. 이는 《맹자(孟子)》에 나오는 부자유친(父子有親)·군신유의(君臣有義)·부부유별(夫婦有別)·장유유서(長幼有序)·붕우유신(朋友有信)의 5가지로, 아버지와 아들 사이의 도(道)는 친애(親愛)에 있으며, 임금과 신하의 도리는 의리에 있고, 부부 사이에는 서로 침범치 못할 인륜(人倫)의 구별이 있으며, 어른과 어린이 사이에는 차례와 질서가 있어야 하며, 벗의 도리는 믿음에 있음을 뜻한다.

특히 오륜 중에서도 첫째로 꼽는 부자유친(父子有親)은 부모와 자식 사이는 사람이 태어나서 가장 먼저 맺는 인간관계이고, 이 세상에서 누구보다도 가장 친밀한 관계이며 자기 마음대로 선택하거나 바꿀 수도 없는 절대적인 것이다. 사람이 사람답게 살고, 원만한 가정생활을 이루었을 때 사회와 문화를 건전하게 발전하도록 하는 집단윤리라 할 수 있으며, 현대 사회에서 더욱 필요한 행동규범으로서 이정표라 할 수 있다.

삼강오륜은 원래 중국 전한(前漢) 때의 거유(巨儒) 동중서(董仲舒)가 공맹(孔孟)의 교리에 입각하여 삼강오상설(三綱五常說)을 논한 데서 유래되어 중국뿐만 아니라 우리나라에서도 과거 오랫동안 사회의 기본적 윤리로 존중되어왔으며, 지금도 일상생활에 깊이 뿌리박혀 있는 윤리 도덕이다.

예로부터 지켜온 예의범절은 변화하는 사회에 따라 더불어 변화하고 있지만, 우리의 의식 속에 가지고 있는 자기 자신을 다스리고 상대를 편안하게 해 주며, 정성과 공경의 마음으로 상대를 대하는 것을 예절이라 할 수 있겠다. 예절은 동양적인 사상을 많이 내포하고 있으며, 그로 인해 자신의 수양과 본성을 다스리며 자아를 발전시키는 것이며, 자신보다는 상대를 먼저 생각하고 배려하는 행동이 기본 덕목이라 할 수 있다.

쉬어가기

관혼상제[冠婚喪祭]

관례 · 혼례 · 상례 · 제례의 총칭. 관(冠) · 혼(婚) · 상(喪) · 제(祭)의 4가지 예법. 관례는 머리에 갓을 써서 어른이 되는 의식이다. 옛날에는 남자 나이 20살이 되면 관례를 행하고, 여자 나이 15살이 되면 머리에 비녀를 꽂았다. 혼례는 혼인하는 예법, 상례(장례)는 상중(喪中)에 행하는 예법, 제례는 제사지내는 예법이다.

❶ **관례 :** 여자의 경우는 계례(笄禮)라고 한다. 남자가 성인이 되었을 때 상투를 올리고, 여자는 비녀를 꽂는 성인의 의식을 말한다. 시대가 달라져 지금은 이런 절차는 하지 않지만 남녀 20세가 되면 성인식이라 하여 대개는 단체로 성인의식을 올리기도 한다.

❷ **혼례 :** 혼인은 인륜대사라 하여 그 의식과 절차가 엄숙하게 이루어진다.

❸ **장례(상례) :** 사람이 죽으면 장례를 치루게 되는데 장례일은 삼일장, 오일장, 칠일장 등 장례 기간에 따라 명칭을 붙인다. 대개는 삼일장을 치룬다. 삼일이란 기간은 부활, 저승에 갔다가 되돌아오는 기간에서 유래되었다고 한다.

❹ **제례 :** 장례가 끝나면서 제례가 따른다. 장례 후 제례에는 3일만에 산소에서 절을 하고 잘 살피는 삼우제 등이 있다. 시대의 변함에 따라 조금씩 달라져 왔다. 그러나 근본정신은 조상의 은혜에 감사하고 경모하는 것이 기본이다.

출처 : [네이버 지식백과] 관혼상제 [冠婚喪祭] (원불교대사전)

2 매너와 에티켓의 필요성

사람은 혼자서 살아가는 것이 아닌 사회적 관계를 형성하며 다양한 사람들과 함께 살아가는 것이다. 특히 과학기술의 발전과 세계 경제의 글로벌화로 다양한 문화의 사람들과 교류하며 발전해 나가고 있다. 이러한 사회의 변화는 다양한 국가의 문화와 관습, 종교의 차이에 대한 올바른 이해와 그로 인해 발생할 수 있는 갈등과 문제점을 해결하고자 하는 적합한 행동과 상대방에 대한 배려가 필요하다.

사람마다 사고(思考)와 행동은 다양하게 표출되며 함께 어우러져 사회를 만들고 문화를 만들어 가고 있다. 개별의 독특한 습관과 태도만으로 행동하고 살아간다면 사회 구성원 간의 관계는 유지, 발전될 수 없다. 상대방에게 호감을 주는 것뿐만 아니라 상대방을 고려하여 불쾌감을 주지 않고 편안함을 전달하는 행동과 마음가짐은 공동체 생활의 질서이며, 규범이라고 할 수 있다. 글로벌시대를 살아가는 현대인으로서 에티켓을 알고 매너 있는 행동은 중요한 덕목이 되고 성공하는 사회생활을 할 수 있다.

3 매너와 에티켓의 기본개념

매너와 에티켓은 다양한 문화와 전통에 따라 차이가 있으나 이것에 대한 기본은 인간의 평등과 존엄을 바탕으로 존중하고 배려하는 것이다. 상대를 먼저 생각하는 친절한 마음을 바탕으로 불쾌감을 주지 않으며 상대를 편안하게 하고 원만한 관계를 형성할 수 있는 에티켓은 인간관계 형성에 가장 유용하고 가치 있는 것이다.

1) 매너의 기본요소

(1) 자기관리

매너는 개인이 가지고 있는 독특한 습관과 행동하는 방식이며 이는 일상생활에서 나타나는 본인만의 몸가짐이라 할 수 있다. 좋은 매너를 가지기 위해서는 자기관리를 통한 올바른 태도와 바른 생각을 갖도록 해야 한다. 긍정적인 마음으로 세상을 바라보고 소속된 조직이나 사회에서 요구하는 행동방식을 알고 그에 맞도록 스스로를 관리하는 것이 매너의 기본이라 할 수 있다.

(2) 대인관계

사회생활을 하는 사람과의 관계 속에서 매너는 매우 중요하며 타인과의 우호적이며 조화롭게 사회에서 살아가기 위한 바탕이 된다고 할 수 있다. 좋은 사람으로 대인관계 형성을 위해서는 예의 바른 인사와 유연한 대화 방법, 바람직한 태도 등의 매너를 갖추어 성공적이며 원활한 대인관계를 유지할 수 있다.

(3) 이미지 메이킹

매너란 어떠한 행동을 할 때 우아하고 바람직한 몸가짐에서 비롯된 것이다. 매너는 에티켓에 대한 태도와 몸가짐의 표현으로 상대에게 폐를 끼치지 않는 상식적인 행동이다. 시간, 장소, 상황(T.P.O)에 적합한 복장이나 메이크업 등 용모의 외적 이미지와 보이지 않는 내면의 인성적인 이미지에도 매너를 갖추며 자신의 강점과 장점을 찾는다. 올바른 이미지를 형성하고 바른 인격을 갖추어 자기 자신의 이미지가 타인을 배려하고 존중하는 모습으로 보여질 수 있도록 한다.

(4) 글로벌 문화의 이해

세계화로 인해 다양한 국가, 사회, 문화의 사람들과 공동체를 형성해 가고 있으며, 그로 인해 글로벌 문화에 대한 이해와 글로벌 매너가 중요한 요소의 하나가 되었다. 사회 내에서 지켜져 오는 상호 간의 규범과 생활방식들이 때로는 다른 문화나 사회에서는 올바르지 않은 행동이나 습관으로 보여질 수 있다. 저마다 가지고 있는 고유의 음식 문화, 경조사 문화, 일상 문화 등의 차이를 이해하고 서로의 문화전통과 예절을 수용하고자 하는 마음으로 상식에 맞는 행동을 해야 한다.

2) 에티켓의 기본요소

(1) 상대방에 대한 배려와 존중

배려는 상대방의 관점으로 바라보는 역지사지(易地思之)라고 할 수 있다. 사람마다 살아온 환경과 경험, 지식 등의 차이로 어떠한 일이나 행동을 함에 있어 평가하고 실행하는 것에는 차이가 있다. 이렇듯 나와 다른 행동과 생각을 하는 상대를 보며 먼저 상대의 입장에서 생각하고 그에 대한 이해가 바로 배려이다. 또한 지위, 나이, 성별, 학력, 경제적 여건 등을 잣대로 삼지 않고 상대방을 존중하는 마음으로 대하는 것이 바로 에티켓의 기본이라 할 수 있다. 상대방에게 행복과 감동을 주는 것은 작은 일에서 시작하는 것이며, 그것은 바로 배려와 존중하는 마음으로 상대방을 대할 때 전할 수 있는 커다란 마음이며 서로를 위한 배려라 할 수 있다.

(2) 상대방에 대한 친절한 마음

상대가 나에게 해 주기를 바라는 말과 행동으로 많은 가치를 전달하고 불편함과 오해의 감정을 갖지 않도록 하는 것은 자기 자신을 위한 것이다. 상대에게 많은 가치를 주는 것은 친절한 마음에서 비롯된 것이며, 이러한 감정은 상대의 기분을 편안하게 해 주고 상호 간의 원만한 관계를 유지할 수 있는 친절한 마음은 인간관계의 초석이라 할 수 있다. 상대에게 받고 싶으면 자기 자신이 원하는 것을 먼저 주며, 타인과 함께 조화를 이루며 살아가는 마음가짐이 에티켓이며 이것은 사소하지만 매우 중요하다.

(3) 상대방에게 호감을 전달

친밀하고 신뢰를 전달할 수 있는 가장 기본의 감정은 바로 호감이며, 이러한 감정을 느끼는 상대와 함께하는 시간과 상황 등은 긍정적인 마음을 유발시킨다. 상대에게 호감을 주기 위한 첫 단계는 전달되는 행동, 생각, 마음가짐이 관심을 갖도록 하는 것이다. 상대 말에 경청하는 자세와 의견을 수용하고자 하는 관대함 그리고 양보하는 태도 등은 상대방에게 호감을 전달하는 방법이기도 하다. 이러한 것들은 예의 있는 태도와 매력적인 모습으로 사람들과 좋은 관계를 유지하고 우호적인 인간관계를 맺기 위한 에티켓이며 기술이다. 인간은 혼자 살아갈 수 없는 사회적 존재로 사람들과 바람직한 관계를 형성하며 긍정적인 영향을 주고받으며 함께 성장하고 발전하는 것이 중요하다.

쉬어가기

사이버공간의 예절, 네티켓

인터넷의 발달로 사이버공간에서 사용자가 기본적으로 지켜야 하는 예절을 네트워크(network) 에티켓(etiquette), 즉 네티켓(netiquette)이라고 한다. 사이버공간에서 윤리와 예절문제가 대두되며 네티켓에 대한 논의가 활발해졌다.

1994년 미국 플로리다대학교의 버지니아 셰어(Virginia Shea) 교수가 제시한 '네티켓의 핵심원칙(The Core Rules of Netiquette)'의 내용은 다음과 같다.

❶ 인간임을 기억하라.
❷ 실제 생활에서 적용된 것처럼 똑같은 기준과 행동을 고수하라.
❸ 현재 자신이 어떤 곳에 접속해 있는지 알고, 그곳 문화에 어울리게 행동하라.
❹ 다른 사람의 시간을 존중하라.
❺ 온라인에서도 교양 있는 사람으로 보이도록 하라.
❻ 전문적인 지식을 공유하라.
❼ 논쟁은 절제된 감정 아래 행하라.
❽ 다른 사람의 사생활을 존중하라.
❾ 당신의 권력을 남용하지 마라.
❿ 다른 사람의 실수를 용서하라.

생각해 봅시다

1. 매너와 에티켓이 사회생활에 중요한 이유에 대해 말해 보자.

2. 매너와 에티켓의 차이점에 대해 정리해 보자.

3. 일상생활에서 접하게 되는 매너 관련 사례에 대해 토론해 보자.

MEMO

일생의 계획은 어린 시절에 달려 있고,
일년의 계획은 봄에 달려 있고,
하루의 계획은 새벽에 달려 있다.

어려서 배우지 않으면 늙어서 아는 것이 없고,
봄에 밭을 갈지 않으면 가을에 바랄 것이 없으며,
아침에 일찍 일어나서 서두르지 않으면
그날 할 일을 하지 못한다.

공자(〈춘추〉에서 발췌)

흔들리며 피는 꽃

흔들리지 않고 피는 꽃이 어디 있으랴
이 세상 그 어떤 아름다운 꽃들도
다 흔들리면서 피었나니
흔들리면서 줄기를 곧게 세웠나니
흔들리지 않고 가는 사랑이 어디 있으랴

젖지 않고 피는 꽃이 어디 있으랴
이 세상 그 어떤 빛나는 꽃들도
다 젖으며 젖으며 피었나니
바람과 비에 젖으며 꽃잎 따뜻하게 피웠나니
젖지 않고 가는 삶이 어디 있으랴

사람의 마음에 꽃이 진다(도종환. 문학동네. 1994)

Chapter

02

인사/자세

Chapter 02

인사/자세

학습목표

- 정중한 인사의 중요성을 알고 상황별 인사말을 할 수 있다.
- 서 있는 자세와 대기 자세를 습득한다.
- 악수, 명함 주고받기, 방향 지시의 바른 자세를 학습하고 실습을 통해 익힐 수 있다.

1 인사의 의미

인사는 인간관계에서 마주 대하거나 헤어질 때에 예(禮)를 표하는 말이나 행동을 의미한다. 다른 의미로는 처음 만나는 사람끼리 서로 이름을 통하여 자기를 소개하는 말이나 행동이라고도 하고, 감사를 표현하거나 정중한 사과를 하기 위한 말이나 행동을 인사라 한다. 인사는 상대방에게 첫 이미지를 전달할 수 있는 중요한 태도이며, 기본적인 예절을 표현하는 수단이다.

인사는 일상생활이나 비즈니스 업무에서 상대방에 대한 친밀감, 존경심, 배려, 경의를 표현하기도 하며, 인간관계에서 상호의 신뢰감을 주고 가치를 인정하여 원만한 관계 형성의 토대가 될 수 있다. 인사는 상대의 마음을 열어주고 존중하는 마음과 진심이 담긴 행동으로 상대에게 마음을 전달하는 외적 표현이며, 자신의 인격과 교양을 나타내는 척도이기도 하다.

상대에게 호의와 감사를 담아 표현하는 인사는 상호 간에 함께 하는 것으로 사람을 보면 먼저 인사하는 태도를 습관화하는 것이 필요하다.

쉬어가기

"고객에게 인사받을 때 존중받는 느낌든다"

아르바이트 경험자 10명 중 8명은 '아르바이트를 하며 고객에게 존중받은 경험이 있다'고 답했다. 고객이 '인사'나 '친절한 태도'를 보일 때 존중받는다는 생각을 했다. 아르바이트 경험이 있는 20~30대 성인남녀 1190명을 대상으로 '아르바이트를 하며 고객에게 존중받은 경험이 있는가'라는 질문에 전체 응답자 5명 중 4명에 달하는 86.4%가 '있다'고 답했다. 아르바이트생이 고객에게 존중받았다고 느끼는 요인 1~2위는 '인사'였다. 먼저 '감사합니다'라고 인사할 때 존중받는다고 생각했다는 응답자가 복수선택 응답률 62.4%로 가장 많았다. 이어 먼저 '안녕하세요'라고 인사 할 때(39.2%), 힘들지 않은지 걱정해 줄 때(36.7%), 제품 · 음식 등을 친절하게 웃으며 받을 때(34.1%), 지불수단(현금/카드)을 정중하게 건네줄 때(29.7%) 등이다. 고객의 아르바이트생을 존중하는 태도는 아르바이트생들의 업무 의욕을 높이는 요인이 되는 것으로 나타났다.

〈신문기사 발췌–뉴시스 19.01.13〉

2 인사의 자세

1) 인사의 기본자세

(1) 인사 자세

❶ 시선은 정면을 바라보고 밝은 표정을 유지한다.

❷ 턱은 위로 올리거나 아래로 당겨지지 않도록 자연스럽게 한다.

❸ 선 자세에서 머리, 등, 허리선이 일직선이 되도록 한다.

❹ 다리는 힘을 주고 서서 두 무릎은 붙인다.

❺ 발뒤꿈치는 붙이고 양발을 가지런히 모은다.
발의 앞부분은 여자의 경우 15도, 남자의 경우 30도 정도가 적당하다.

❻ 손의 위치는 여자의 경우 오른손이 위가 되도록 하여 손을 앞으로 모은다.
남자의 경우 가볍게 주먹을 쥐고 차려자세가 되도록 한다.

남자의 선 자세

여자의 선 자세

(2) 공수자세

❶ 두 손을 어긋나게 마주 잡아 공손하게 앞으로 모은다.

❷ 손의 위치는 여자의 경우 오른손이 위로 올라오도록 한다.

❸ 손의 위치는 남자의 경우 왼손이 위로 올라오도록 한다.

❹ 모아 잡은 손의 손가락은 모두 붙이고 엄지손가락이 보이지 않도록 한다.

❺ 공수자세는 평상시와 흉사시의 손의 위치가 달라진다.

❻ 흉사시 손의 위치는 여자는 왼손, 남자는 오른손이 위로 올라오도록 한다.

흉사(凶事) : 사람이 죽어서 백일(졸곡)까지를 뜻한다.

바른 공수자세

잘못된 공수자세

공수(拱手) – 손을 앞으로 맞잡아 공손한 자세

구 분	남 자	여 자
평상시	왼손(위)	오른손(위)
흉사시	오른손(위)	왼손(위)
차례(설, 추석)	왼손(위)	오른손(위)
제사	왼손(위)	오른손(위)

쉬어가기

남좌여우(男左女右)의 비밀

공식행사나 어른을 모실 때 공손한 자세를 취하는데, 그 방법은 두 손을 앞으로 모아 잡고 다소 곳하게 서든지 앉는 자세를 유지하는 것이다. 이때 손을 모아 잡는 것을 공수(拱手)라 하며 남자와 여자가 위로 올라가는 손이 다른 이유는 생명의 원천 태양 때문이다. 몸을 정면으로 남쪽을 향하면 왼쪽은 동쪽(양: 陽), 오른쪽은 서쪽(음: 陰)으로 남동여서(男東女西), 즉 남좌여우(男左女右)이다.

또한 남녀의 윗옷의 단추를 보면 서로 반대 방향으로, 남자의 단추는 오른쪽 여자의 단추는 왼쪽에 달려 있는 것을 볼 수 있다.

2) 인사방법

(1) 단계별 인사방법

❶ 인사의 기본 자세로 바르게 서서 상대방의 눈을 바라보며 밝은 미소를 짓는다.

❷ 머리, 등, 허리가 일직선을 유지하며 상체를 숙이고, 시선은 발끝 1m 앞쪽을 바라본다.

❸ 상체를 숙인 상태에서 1~2초간 멈춤 동작을 한다.

❹ 상체를 숙일 때보다 천천히 일어난다.

❺ 자세를 바르게 하고 상대방의 눈을 바라보며 밝은 미소를 짓는다.

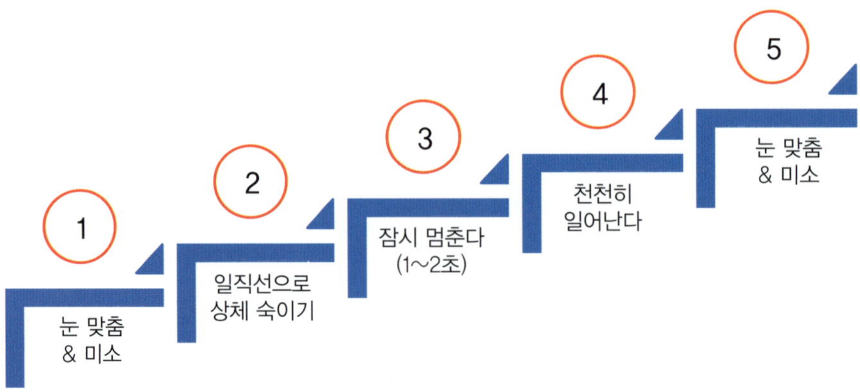

3 인사의 종류

1) 목례

목례는 5도 정도 가볍게 머리를 숙이며 눈으로 상대방에게 인사를 하는 것이다. 이때 주의해야 할 점은 목으로 까딱하듯 하는 인사를 하지 않도록 주의한다. 목례를 하는 경우는 인사를 하고 잠시 후 다시 마주치거나 전화통화 중에 하는 인사 등으로 예의를 표하는 인사이다.

2) 반경례(약례)

반경례는 상체를 15도 정도 숙이고 시선은 2m 정도 앞쪽을 바라보며 하는 인사이다. 좁은 공간, 즉 계단이나 엘리베이터, 복도, 화장실에서 만나 제대로 인사하기가 어려운 경우이거나 하루에 여러 번 만나는 경우에 하는 인사이다.

3) 보통례(평경례)

보통례는 상체를 30도 정도 숙이고 시선은 1m 정도 앞쪽을 바라보며 하는 인사이다. 일상생활에서 가장 많이 하는 인사이며, 상대방을 맞이하거나 헤어질 때 또는 어른이나 상사에게 하는 인사이다.

4) 정중례(큰경례)

정중례는 상체를 45도 정도 숙이고 시선은 1m 정도 앞쪽을 바라보며 하는 인사이다. 가장 정중한 인사이며 직급이 높은 상사나 VIP를 맞이하거나, 공식행사에서 주로 하는 인사이며 상대방에게 진심어린 감사와 사죄를 할 때 하는 인사이다.

목례(5도)

반경례(15도)

보통례(30도)

정중례(45도)

5) 올바른 인사

- 인사는 상대방보다 먼저 한다.
- 인사는 밝은 표정으로 상대를 바라보며 한다.
- 인사는 할까 말까 망설이지 않고 바로 한다.
- 인사는 말로만 하는 것이 아닌 상대방에게 진심을 전달한다.
- 인사는 상황에 적합한 인사말로 긍정적인 효과를 만든다.
- 인사는 만날 때마다 하며 상대방에게 호감을 표현한다.

4 상황별 인사말

인사를 할 때 단순히 동작에 그치는 것이 아니라 마음을 담아 인사말을 건네며 상대방에 대한 관심과 배려를 표현할 수 있다. '안녕하십니까, 감사합니다' 등과 같이 늘 사용하는 인사말로 모든 사람들에게 인사하기보다는 상황에 따라 상대에 따라 다양한 인사말을 적절히 사용한다. 이러한 인사말은 긍정적인 효과를 보여주며 더욱 친밀감을 나타내고 만남의 시작과 끝을 호의적으로 이끌 수 있다.

1) 시간에 따른 인사말

(1) 만날 때 인사말

1. 안녕하십니까. 좋은 아침입니다.
2. 즐거운 하루가 시작되었습니다. 반갑습니다.
3. 일찍 나오셨습니다. 안녕하십니까.
4. 안녕하십니까. 편히 쉬셨습니까.
5. 헤어스타일이 멋있습니다.
6. 오시는 길 편히 오셨습니까.

(2) 헤어질 때 인사말

❶ 만나뵙게 되어 좋은 시간이었습니다.
❷ 가시는 길 조심히 가시길 바랍니다.
❸ 오늘 시간 내주셔서 감사합니다. 또 뵙겠습니다.
❹ 행복한 시간이었습니다. 감사합니다.
❺ 반가웠습니다. 안녕히 가십시오.
❻ 편안한 저녁시간 보내시길 바랍니다.

2) 상황에 따른 인사말

(1) 감사의 인사말

❶ 많은 도움 진심으로 감사드립니다.
❷ 덕분에 무사히 해결하였습니다.
❸ 조언 감사드리며 더욱 열심히 하겠습니다.
❹ 바쁘신 중에 방문해 주셔서 감사드립니다.
❺ 좋은 기회주셔서 다시 한번 감사드립니다.
❻ 관심과 배려에 감사드립니다.

(2) 사과의 인사말

❶ 불편드려 대단히 죄송합니다.

❷ 도움을 드리지 못해 매우 안타깝습니다.

❸ 다음에는 이런 일이 없도록 주의하겠습니다.

❹ 죄송합니다. 다시 확인하겠습니다.

❺ 준비가 미흡하여 죄송합니다.

❻ 번거롭게 해 드려 죄송합니다.

쉬어가기

국가별 다양한 인사법

- **인도 :** 손에 입을 대었다가 떼면서 '살라모아'라고 말하며 인사한다.
- **티베트 :** 귀를 잡아당기며 혓바닥을 내민다.
- **중국 :** '니하오'라고 하며 한 손은 주먹을 쥐고 다른 한 손에 부딪힌다.
- **태국 :** '와이'라고 하며 두 손을 모으고 팔과 팔꿈치를 붙이고 고개를 숙인다.
- **마사이족 :** 얼굴에 침을 뱉으며 행운과 축복을 기원해 준다.
- **에스키모족 :** 서로의 뺨을 치고 친한 경우에는 마주보고 코를 비빈다.
- **네팔 :** '나마스테'라고 하며 양손을 이마에 붙이고 앞으로 내민다.
- **마오리족 :** 악수를 하고 손을 잡은 채 코를 2번 치는 홍이라는 인사를 한다.
- **이스라엘 :** '샬롬 샬롬'이라고 하며 어깨를 주물러 준다.
- **하와이 :** '알로하'라고 하며 서로 끌어안고 양 볼을 비빈다.
- **프랑스 :** 비주의 인사법으로 상대방의 뺨을 가볍게 두 번 맞댄다.
- **알래스카 :** 만나면 서로의 코를 비비며 인사한다.

티베트

중국

태국

네팔

마오리족

프랑스

5 자세

1) 선 자세와 대기 자세

일상생활을 하며 사람을 만날 때 서 있는 자세에서 인사를 하고 대화를 하기도 한다. 이 때 바른 자세를 유지하는 것은 아름다운 몸가짐을 익히고, 건강한 신체를 만들 수 있다. 구부정한 자세나 몸의 균형을 한 쪽으로 서 있는 경우는 보기에도 좋지 않을 뿐만 아니라 건강에도 해로울 수 있다. 특히 최근에는 휴대전화, 컴퓨터 등의 사용시간이 길어짐에 따라 많은 사람들의 자세가 불균형하다. 바른 자세는 상대방에게 신뢰를 주며 호감 가는 이미지를 형성하는 데 중요한 요소이다.

(1) 바르게 선 자세

❶ 서 있을 때는 머리, 등, 허리선을 곧게 펴고 가슴을 내밀지 않는다.
❷ 다리는 힘을 주고 무릎과 발뒤꿈치를 붙이고 양발을 가지런히 모은다.
❸ 배를 앞으로 내밀지 않으며 엉덩이를 뒤로 당긴다.
❹ 턱을 위로 들거나 아래로 당겨지지 않도록 한다.
❺ 손의 위치는 여자의 경우 오른손이 위로 오도록 자연스럽게 모아준다. 남자의 경우 주먹을 가볍게 쥐고 차려자세를 한다.
❻ 시선은 자연스럽게 상대방을 바라본다.
❼ 시선을 내려보면 상대방을 무시하는 눈빛이 되고, 올려보면 자신감이 부족해 보인다.
❽ 밝은 표정으로 상대방에게 편안한 분위기를 전달한다.

(2) 대기 자세

❶ 대기 시 오래 서 있어야 하는 경우 취하는 자세이다.

❷ 여자의 경우 선 자세를 기본으로 유지하며 한 발의 뒤꿈치가 다른 발의 중앙에 닿게 하여 서는 자세이다.

❸ 남자의 경우 양발을 허리 넓이만큼 벌려서 선다. 손은 가지런히 모아 왼손이 위로 올라오도록 하여 앞쪽에 둔다.

❹ 대기 자세의 경우 몸의 균형이 한쪽 다리로 가지 않도록 주의하며 다리를 흔들지 않도록 한다.

❺ 대기 시간이 길어질 경우 주위의 사람들과 잡담을 하거나 손장난을 하지 않도록 한다.

❻ 시선은 두리번거리지 않고 자연스럽게 유지한다.

2) 걷는 자세

걸음걸이에 따라 사람의 성향과 업무의 자신감, 열정을 보여줄 수 있다. 너무 빠른 걸음걸이는 성격이 급하고 조급함이 느껴지고, 반면 느린 걸음걸이는 자신감이 떨어져 보이고 게으른 성향으로 느껴질 수 있다. 적절한 보폭과 속도를 유지하며 절도 있는 태도의 활기찬 걸음걸이는 업무에 대한 열정과 자신감을 전달할 수 있다. 또한 걸음걸이에 따라 높은 굽의 구두를 신고 걸을 때 발소리가 다른 사람에게 방해가 될 수 있으며, 뒷굽을 끌거나 체중을 발뒤꿈치에 싣고 걸을 때도 다른 사람들에게 불편을 초래할 수도 있다.

(1) 바르게 걷는 자세

❶ 상체를 바르게 세우고 허리에 힘을 준다.

❷ 발끝이 바깥쪽으로 벌어지거나 안쪽으로 오지 않도록 평행을 유지한다.

❸ 무릎을 살짝 스치듯하며 일직선으로 걷는다.

❹ 체중을 발 앞부분에 싣고 발뒤꿈치보다 발끝이 먼저 바닥에 닿도록 걷는다.

⑤ 팔은 자연스럽게 앞뒤로 흔들며 걷는다.

⑥ 팔을 앞뒤로 너무 많이 움직이거나 상체에 붙이고 걸으면 어색한 걸음걸이가 된다.

⑦ 턱은 살짝 당기고 시선은 자연스럽게 앞을 바라본다.

⑦ 걸을 때 적절한 보폭과 속도로 걷는다.

(2) 상황에 따른 걷기 매너

① 남자와 여자가 함께 걸을 때는 여자가 안쪽에 서서 걷도록 하는 것이 예의이다.

② 계단을 오를 때는 남자가 먼저 올라가고 내려올 때는 여자가 먼저 내려오도록 한다.

③ 좁은 공간에서 마주쳤을 때는 몸을 비스듬히 하여 다른 사람이 먼저 지나갈 수 있도록 비켜준다.

④ 다른 사람과 함께 걸을 때는 걸음걸이의 속도와 보폭을 맞춘다.

⑤ 안내 시에는 앞서 걸으며 뒤에 오는 사람이 오고 있는지를 확인하며 걷는다.

⑥ 회의나 공연, 수업 중 이동 시에는 발소리가 나지 않도록 뒤발꿈치를 들고 걸어 다른 사람에게 방해가 되지 않도록 한다.

3) 앉은 자세

(1) 의자에 앉을 때 자세

① 상대방이 의자에 앉으라는 권유를 하면 앉는다.

② 의자 앞에 적당한 거리를 두고 서서 한쪽 어깨너머로 의자의 위치를 확인한다.

③ 한쪽 발을 반보 정도의 넓이로 뒤로 빼고 의자에 앉는다.

④ 여자의 경우 치마를 입었을 때 한쪽 손을 엉덩이 뒤로 하여 치맛자락을 정리하며 앉는다.

⑤ 의자에 앉을 때는 상체를 숙이지 않고 시선은 정면을 보며 앉는다.

⑥ 의자에 앉아서는 다리와 손을 가지런히 모은다.

(2) 의자에 앉아 있는 자세

❶ 의자에 앉아 있을 때는 엉덩이가 등받이에 닿도록 깊숙이 앉는다. 등과 등받이 사이에는 주먹 하나가 들어갈 정도의 간격을 두고 의자에 기대어 앉지 않는다.

❷ 의자 끝에 걸터앉는 것은 불안정해 보이며 자신감이 부족하고 긴장하고 있는 모습으로 보여질 수 있다.

❸ 다리를 꼬고 앉거나 다리를 떨지 않는다.

❹ 여자의 경우 다리를 가지런히 모으고 발끝이 벌어지지 않도록 하며 오른손이 위로 올라가도록 한다. 치마를 입었을 경우 손을 치마 끝단을 살짝 누르며 올려 둔다.

❺ 남자의 경우 다리는 무릎 사이에 주먹 하나 정도의 간격이 되도록 하고, 손은 가볍게 주먹을 쥐고 몸과 무릎 사이에 자연스럽게 둔다.

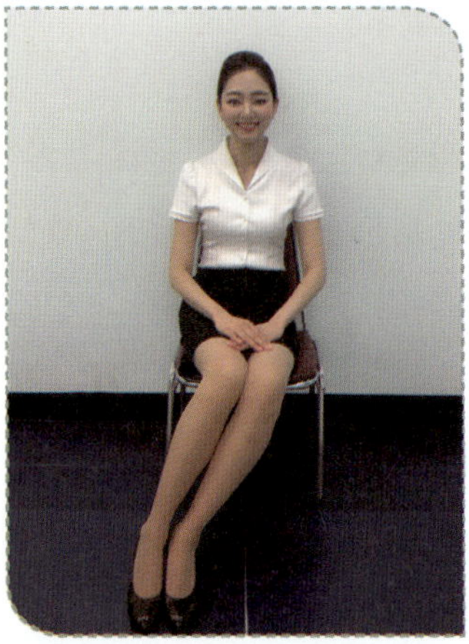

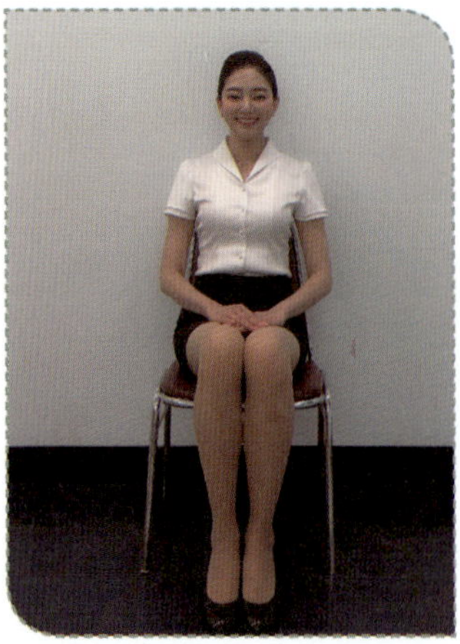

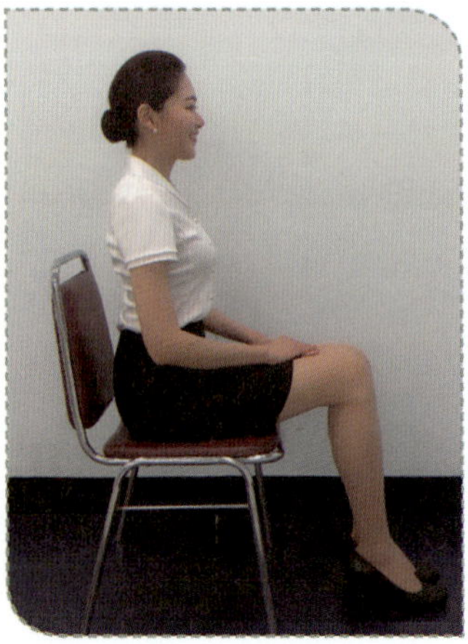

6 또 다른 인사, 악수

1) 악수의 의미

악수는 가장 일반화된 비즈니스 예절로 서로 손을 마주잡고 반가움과 감사를 나타내는 인사법이다. 악수는 세계 여러 나라에서 보편적으로 통용되는 인사방법으로 비즈니스 관계의 인사로 사용되는 경우가 많다. 하지만 악수를 할 때도 손을 잡는 세기나 흔드는 정도가 문화에 따라 조금 다르다.

2) 악수의 유래

악수의 기원은 '두 사람'이 아닌 '두 남자'가 나누는 인사법이었다. 수백 년 전 잉글랜드에서는 오랜 전쟁으로 언제 어디서 공격을 받을지 모르는 상태에서 상대방에게 손에 무기가 없다는 것을 증명하기 위해 악수를 했다. 대부분의 여성들은 무기를 소지하지 않았으며, 무기 소지가 허락되지도 않았다. 이러한 역사적 사실이 최근까지 여성들 사이에서는 악수가 일반화되지 않은 이유이기도 하다.

악수는 상대방이 손을 맞잡는 직접적인 접촉을 통해 믿음과 평등함을 확인시켜 준다. 과거에는 왼쪽 소매에 종종 무기를 숨겼기 때문에 왼손으로 악수를 했으나, 시간이 흐르면서 오른손으로 바뀌었다. 이러한 이유는 오른손이 검을 잡는 손이었기 때문이며, 손을 맞잡고 손을 흔드는 것은 상대방에게 다시 한번 신뢰를 주기 위한 행동이기도 하다. 또한 특정한 문화나 국가에서는 왼손은 불결한 손이라 믿기 때문에 반드시 오른손으로 악수를 해야 한다.

3) 악수 매너

악수는 고대부터 전해오는 오래된 인사로 일정한 규칙이 있다. 악수를 청하여 인사를 하는 경우 동성 간에는 손윗사람이 아랫사람에게, 선배가 후배에게, 기혼자가 미혼자에게 먼저 손을 내밀어 악수를 청해야 한다. 남성과 여성 간에는 여성이 먼저 약수를 청하며, 서양에서는 여성의 경우 장갑을 낀 채 악수를 해도 무방하나 남성은 장갑을 벗는 것이 올바른 예의이다. 또한 여성의 경우 앉아서 악수를 하는 경우도 있으나 직급과 나이에 따라서 반드시 일어서서 악수를 해야 한다.

악수를 할 때 두 손을 잡거나 허리를 굽히는 것은 바른 매너가 아니다. 동양에서는 악수를 하며 동시에 허리를 굽히며 하는 경우가 있으나 악수가 바로 인사이므로 허리를 굽히는 태도는 필요하지 않다. 그러나 손윗사람이나 상사와 악수를 할 때 예를 표하기 위해 상체를 조금 기울이거나 가볍게 왼손을 팔꿈치나 배 위에 올려 두는 것이 좋다.

4) 악수 방법

악수는 대인관계에서 상대방에게 반가움과 믿음을 전달하는 행위로 정중하고 바른 자세를 취하는 것이 매우 중요하다. 자신감을 가지고 손을 잡고 상대에게 세련되고 친밀감을 전달할 수 있는 바른 악수의 방법을 알고 나누는 것이 필요하다.

(1) 눈 맞춤(Eye contact)

악수는 상대의 눈을 마주 보고 신뢰감을 줄 수 있도록 한다. 여러 사람과 악수를 할 경우에 악수를 하며 다른 사람을 바라보는 것은 상대에 대한 실례가 된다. 한 사람과 악수를 마무리한 후 다음 사람을 바라보며 악수를 한다.

(2) 미소(Smile)

밝은 표정은 상대방에게 호감을 주며 기분 좋은 만남을 이끌어 낼 수 있다. 자연스럽고 편안한 미소로 마음의 문을 열고 긍정의 이미지를 전달할 수 있도록 한다.

(3) 거리(Distance)

상대의 손을 잡고 인사를 하는 악수의 경우 적당한 거리를 유지하는 것이 중요하다. 너무 멀리 떨어져 있는 경우 서로 손을 길게 뻗고 악수를 하거나 반면, 너무 가까운 거리는 서로에게 불편한 자세나 부담스러울 수 있다. 팔이 적당히 굽혀질 수 있는 정도의 거리를 유지하도록 한다.

(4) 힘(Power)

악수를 할 때 손의 힘을 주는 세기의 정도는 상대에게 믿음을 주기도 하고 불쾌함을 초래하기도 한다. 상대의 손에 힘을 너무 많이 주었을 경우 상대를 제압하고자 하는 느낌을 줄 수 있다. 손에 힘을 주지 않을 경우는 상대에 대한 무관심함과 의욕이 없어 보일 수 있으며 손 끝만 잡는 것도 좋은 태도가 아니다. 적절한 힘을 손에 실어 상대에게 의지와 열정을 보여주는 것이 필요하다.

(5) 리듬(Rhythm)

악수를 할 때 상대의 손을 잡고 흔드는 행위를 할 때 적절한 리듬이 중요하다. 손을 잡고 두세 번 정도의 흔들기를 한 후 자연스럽게 손을 놓으며 상대와 악수를 끝내는 것이 좋다. 손을 잡고 흔들 때는 윗사람이 흔드는 대로 따라 하며, 손을 잡고 계속 흔들며 대화를 하는 것은 옳지 않으며 상대에게 부담을 줄 수 있다.

5) 잘못된 악수 방법

악수를 할 때 힘의 정도나 손을 잡는 방법에 따라 상대방에게 불쾌감을 전달할 수 있으므로 주의해서 악수를 하도록 한다.

(1) Bone Crush 형

악수를 할 때 상대방의 손을 너무 세게 잡아 화합의 이미지가 아닌 도전적이며 꼭 이기겠다는 의미가 전해질 수 있다.

(2) Dead Fish 형

손을 잡을 때 힘없이 잡아 상대방에게 무관심하며 성의 없이 느껴질 수 있는 악수방법이다. 특히 악수를 할 때 손을 세게 잡는 것을 선호하는 미국인들이 싫어하는 악수방법이기도 하다.

(3) Finger Pinch 형

악수를 할 때 손가락 끝만 세게 잡고 악수하는 유형으로 이러한 악수 또한 상대방에게 불쾌감을 전달하는 악수방법이다.

Bone Crush 형

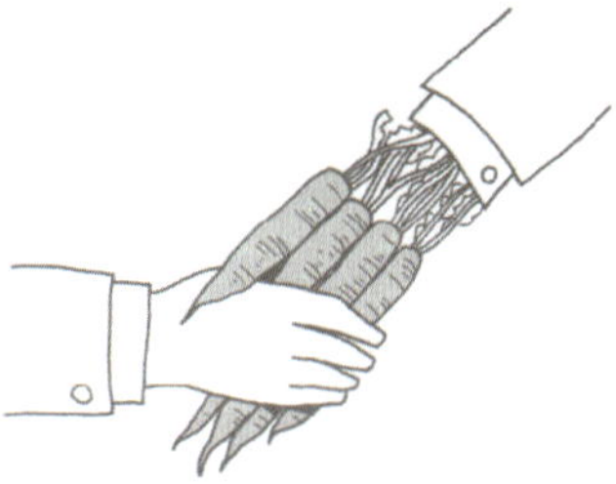

Dead Fish 형

Finger Pinch 형

7 명함

1) 명함의 의미

명함은 그 사람의 얼굴이며 인격이라 할 수 있다. 명함에는 개인이나 회사에 관한 정보를 담고 있으며 이름, 주소, 전화번호, 이메일, 직위 등을 기입하여 자신을 설명하는 카드이다. 사회생활을 하며 처음 대면하는 타인에게 명함을 서로 교환하고 인사를 나누는 대인관계의 시작에서 자신을 기억하도록 하는 중요한 역할을 하고 있다.

2) 명함의 유래

명함의 유래는 루이 14세 때 사교모임에 참석한 사람들이 트럼프 카드에 자기이름을 써서 왕에게 올린 것이 시초라고 알려져 있다. 이후 루이 15세 때는 현재와 같은 동판인쇄의 명함을 사용했다고 전해지고 있다. 또한 동양에서 명함의 유래는 중국에서 지인의 집을 방문하였으나 만나지 못하고 돌아올 때 자신의 방문을 알리기 위해 이름을 남겨두고 온 것에서 유래되었다고 한다. 이러한 유래에서 알 수 있듯이 명함은 상대에게 나를 알리기 위한 수단으로 사용되었고 현재에서도 자신을 알리기 위한 용도로 사용되고 있다. 명함은 한 장의 종이이지만 나를 소개하고 알리는 역할을 하는 중요 수단으로 명함을 전달하고 보관하는 데는 각별한 주의가 필요하며 예의를 갖추는 것이 중요하다.

3) 명함 교환

명함은 비즈니스의 첫 번째 단계로 상호 간의 관계를 시작하는 중요한 매개체이다. 한 장의 카드이지만 정중히 다루며 예의를 표하는 마음을 전달하여야 한다.

(1) 명함 교환 순서

명함을 교환할 때는 다음과 같이 한다.

❶ 명함은 아랫사람이 윗사람에게 후배가 선배에게 부하직원이 상사에게 먼저 명함을 건넨다.

❷ 명함은 오른손으로 상대에게 전달하며 왼손을 오른손 아래 두고 정중함을 표현한다.

❸ 명함의 내용을 상대가 읽을 수 있는 방향으로 전달한다.

❹ 명함을 건네는 위치는 가슴선과 허리선 사이에서 상대에게 전달한다.

❺ 명함을 건넬 때는 간단히 자기소개를 한다. 'OO회사 OOO이라고 합니다'라고 하며 회사명과 이름을 밝힌다.

❻ 명함을 받을 때는 오른손으로 받으며 왼손은 오른손 아래두고 두 손으로 받는다.

⑦ 명함을 받은 후에는 상대의 회사명과 이름, 직위를 확인하고 대화를 한다.

⑧ 명함에 외국어로 표기되어 정확히 읽기 어려운 경우에는 그 자리에서 묻고 실례가 되지 않도록 한다.

(2) 명함 교환 매너

❶ 명함을 교환할 때는 서서 상대에게 전달한다.

❷ 명함을 상대와 동시에 교환할 경우 자신의 명함이 상대의 명함보다 아래에 위치하도록 건넨다.

❸ 명함을 동시에 전달할 경우 오른손으로 건네고 왼손으로 받은 후 받은 명함을 오른손으로 옮겨 상대의 명함을 확인한다.

❹ 여러 사람을 만나는 자리에 참석할 경우 명함을 여유롭게 준비하여 받은 사람에게 모두 전달할 수 있도록 한다.

❺ 명함은 상대의 얼굴과 같으므로 뒷주머니에 넣거나 명함에 메모를 하는 행동을 하지 않는다.

❻ 명함을 받은 후 이름과 직위를 확인하고 대화 중에 적극적으로 활용한다.

❼ 여러 사람의 명함을 한꺼번에 받았을 경우 테이블에 올려두고 명함의 이름과 상대를 확인하며 대화를 한다.

❽ 자리에서 일어날 경우 명함을 잘 정돈하여 소중하게 보관하는 태도를 보인다.

명함 교환 사진

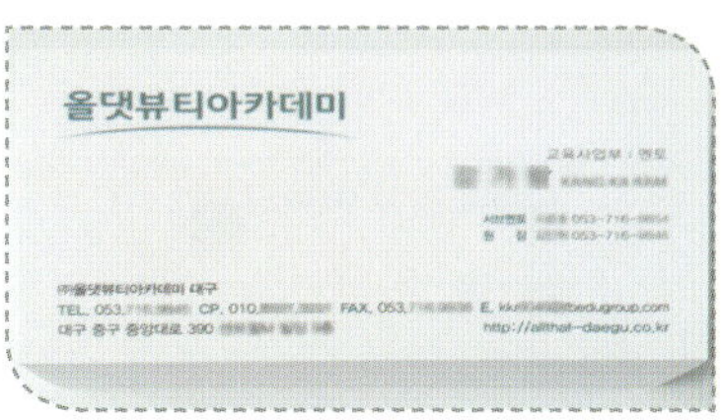

명함 사진

쉬어가기

"농부라 명함이 없어요"는 옛말

전남 순천에서 배농사를 짓는 김씨의 지갑에는 항상 명함이 들어 있다. 자신의 이름과 농장명 · 전화번호가 찍힌 이 명함이 김씨 지갑 속 '필수품'이 된 것은 약 20년 전부터다. 변화하는 시대에 맞추느라 명함 디자인도 서너 차례 바꿨다. 처음에는 흑백 글씨에 이름과 전화번호만 적었는데 지금은 컬러에다 손글씨로 예쁘게 쓴 농장 이름과 사진이 들어갔다. 많은 농부들은 요즘 명함을 건넨다. 불과 20년 전만 해도 흔하지 않던 풍경이다. 50년 배농사를 지어온 김씨의 기억 속에서도 그렇다.

"옛날에는 누가 명함을 주면 그냥 받기만 했지. '저는 농부라 명함이 없습니다'라고 하면서. 나만 그랬나? 농부들은 다 그랬지. 그때야 다 시장에 출하했으니까 명함이 필요 없었어. 그런데 직거래가 많아지고 체험농장도 하면서 요즘엔 농부들도 명함이 필요해진 거지."

좋은 농산물, 맛있는 농산물을 잘 생산만 하면 됐던 농부들. 하지만 이제는 판매 잘하고, 상품화 잘하고, 농촌체험 기획도 잘하는 멀티플레이어가 돼야 하는 시대에 살고 있음을, 농부들의 명함이 단적으로 보여주고 있다.

〈신문기사 발췌–농민신문, 2018.05.25〉

8 방향 지시 및 물건 전달

1) 방향 지시

(1) 사물이나 장소 지시

❶ 사물이나 장소의 위치에 따라 오른손이나 왼손을 사용한다.

❷ 손가락을 가지런히 모아 손바닥이 위로 가도록 한다.

❸ 팔의 각도에 따라 거리감을 표시하며 가까운 곳은 팔을 조금 내밀고 먼 곳을 팔을 길게 뻗는다.

❹ 다른 한 손은 팔꿈치에 받치어서 공손한 자세를 한다.

❺ 시선은 상대방의 눈을 본 후 지시할 방향으로 갔다가 상대방을 바라본다.

❻ 손가락이나 턱으로 방향 지시를 하지 않는다.

(2) 사람 지시

❶ 사람의 위치에 따라 오른손이나 왼손을 사용한다.

❷ 손가락을 가지런히 모아 손바닥이 위로 가도록 한다.

❸ 팔의 각도에 따라 거리감을 표시하며 가까운 곳은 팔을 조금 내밀고 먼 곳을 팔을 길게 뻗는다.

❹ 사람을 가리킬 때는 두 손을 사용해야 한다.

❺ 시선은 상대방의 눈을 본 후 가리킬 사람으로 갔다가 상대방을 바라본다.

2) 물건 전달

물건을 전달할 때는 무거운 물건의 경우 두 손으로 하고, 가벼운 물건은 한 손으로 전달하며 다른 한쪽 손을 밑에 받쳐 공손한 자세를 유지한다. 전달하는 물건의 위치는 가슴과 허리 사이에 두도록 하며 적절한 거리를 두고 전달한다. 상대방이 전달하는 물건을 손에 잡은 것을 확인한 후 손을 떼어 물건이 떨어지거나 파손되지 않도록 한다.

또한 바닥에 떨어진 물건을 집을 때는 무릎을 접고 앉은 자세로 집는 것이 바른 자세이다. 다리를 꼿꼿이 세운 상태에서 허리를 구부려 물건을 집는 자세는 바람직하지 않은 자세이며, 특히 무거운 물건을 들어 올릴 경우에는 신체에 무리가 갈 수 있다. 일상생활에서 작은 동작 하나에도 정돈된 모습과 바른 자세를 유지하도록 한다.

바른 자세

나쁜 자세

쉬어가기

일자목증후군[Forward Head Posture]

'일자목증후군'이란 앞으로 목을 길게 빼는 자세 때문에 정상적인 경추 만곡인 'C'자 형태의 경추 정렬이 소실되어 생기는 증상들을 말한다. 목의 모양이 거북이 목과 닮았다고 하여 '거북목증후군'이라고도 한다.

1) 일자목증후군을 예방하기 위한 생활습관

❶ 컴퓨터 모니터가 시선보다 아래에 놓이지 않도록 책 등을 괴어놓는다.
❷ 엎드려 자는 습관은 경추 관절의 건강을 악화시킨다.
❸ 의자 등받이에 쿠션을 대어 등과 의자가 밀착되도록 한다.
❹ 양손을 등 뒤에서 깍지 끼고 쭉 펴주는 뒤 기지개를 자주 켠다.

2) 일자목증후군을 예방하기 위한 컴퓨터 사용 자세

❶ 모니터는 시선과 같은 높이에 위치하도록 한다.
❷ 목이 한쪽으로 돌아가지 않도록 모니터는 몸의 중앙에 위치하도록 한다.
❸ 팔꿈치 위쪽은 어깨에서 자연스럽게 떨어뜨리고 팔꿈치 아래쪽은 팔꿈치에서 직각을 이루도록 한다.

출처 : [네이버 지식백과] 자생한방병원 한방의학정보

생각해 봅시다

1. 상황별 인사의 종류와 인사방법을 정리해 보자.

2. 공수자세와 남자와 여자의 손 위치를 말해 보자.

3. 의자에 앉을 때 자세의 순서를 생각하며 실습해 보자.

4. 악수의 방법과 매너에 대해 정리해 보자.

5. 명함 교환의 순서를 생각하며 실습해 보자.

6. 방향 지시 및 안내 시 주의사항에 대해 정리해 보자.

MEMO

진심 어린 감사를 경험하려면 당신이 평소에 감사하게 생각한 것을 차분하게 작성해 보라.

눈에서 눈물이 고일 때까지 계속 작성하라.

눈물이 흐르는 순간, 마음속 깊은 곳에서부터 세상에서 가장 아름다운 감정이 생겨난다. 이것이 바로 진실한 감사다.

이러한 감정을 경험하게 됨으로써, 당신은 이 느낌을 다시 어떻게 만들지 알게 될 것이다.

감사한 마음에 대한 강렬한 느낌은 당신이 가능한 한 많이 느끼기를 원한 바로 그 느낌이다. 당신이 원하는 순간 이런 느낌은 곧 온몸으로 느끼게 될 것이다.

연습만이 당신을 그 수준으로 끌어올린다.

시크릿(론다 번, 살림Biz, 2007)

Chapter

03

표정

Chapter

03 표정

학습목표

- 밝은 표정의 중요성을 알고 호감 가는 이미지를 전달할 수 있다.
- 다양한 표정 연출을 위한 연습을 할 수 있다.
- 나만의 밝은 표정을 찾아 호감 가는 이미지로 만들 수 있다.

1 표정의 중요성

대인관계에 있어서 처음 만났을 때 느끼는 상대방의 첫인상은 그 사람에 대한 전반적인 신념이나 지식, 기대를 형성하는 데 결정적인 역할을 한다. 이러한 것을 '첫인상의 효과(초두효과)'라고도 하며, 상대방의 이미지를 3초 만에 결정한다고 하여 '3초 법칙'이라고도 한다. 미국의 뇌 과학자 폴 왈렌(Paul J. Whalen)의 연구에 의하면 사람은 뇌를 통해 0.1초도 안 되는 짧은 순간 상대방에 호감도와 신뢰도를 평가한다고 하며, 이러한 것을 결정짓는 요인은 외모, 목소리, 어휘 순으로 나타났다.

사람의 얼굴은 다양한 감정을 표현하며 표정만으로도 내면에 있는 심리상태와 감정상태를 확인할 수 있다. 표정은 의사소통의 비언어적인 방법으로 긍정적인 메시지 또는 부정적인 메시지를 전달하기도 한다. 호감을 줄 수 있는 표정으로 상대방에게 좋은 인상을 형성하고, 원만한 인간관계와 사회생활을 할 수 있도록 밝은 표정을 만들기 위한 노력이 필요하다. 호감 가는 이미지는 일반적으로 밝은 미소를 말하며, 미소는 상대방뿐만 아니라 자기 자신에게도 편안함과 행복감을 주는 에너지가 될 수 있다.

2 밝은 표정의 효과

1) 호감이미지 효과

사람들은 일반적인 견해로 그 사람의 인성, 능력 등을 평가하고, 좋거나 나쁘다고 생각하는 일부분을 근거로 하여 전체적인 평가를 하고자 하는 경향이 있다. 이러한 것이 '후광효과'이며, 사람들이 첫인상을 어떻게 인지하였는지에 따라 관련된 행동들을 유사하게 평가한다. 밝고 긍정적인 표정은 상대방에게 호감을 줄 수 있고, 친밀감과 편안한 이미지로 대인관계의 시작뿐만 아니라 지속적인 관계유지에 큰 도움이 된다.

사회심리학자인 리처드 니스벳(Richard Nisbett)이 실험을 통하여 알아본 결과 동일한 강사가 한 그룹 앞에서는 유연한 표정으로 강의를 하고, 다른 그룹 앞에서는 경직된 표정으로 강의를 했을 때 강의 내용의 평가는 상반된 결과가 나타난 것을 볼 수 있었다. 이러한 결과는 동일한 사람이 똑같은 옷을 입고 와서 똑같은 억양으로 강의를 했지만, 호감을 주는 표정 하나만으로 상대방에게 전달하는 내용과 평가까지 달라질 수 있는 것이다.

2) 마인드 컨트롤 효과

밝은 표정은 스스로 자신의 생각과 행동, 감정, 마음 등을 절제하고 조절하는 마인드 컨트롤의 효과가 있다. 심리학자 윌리엄 제임스(William James)의 '행복하기 때문에 웃는 것이 아니라 웃기 때문에 행복한 것이다'라는 말처럼 기분 좋은 표정은 자신의 감정을 행복하고 긍정적인 마음을 가지도록 하며 그로 인해서 자신감을 가지게 된다. 자신감과 적극적인 태도는 행하는 일에 좋은 결과를 이끌어 낼 수 있으며 이러한 것은 밝은 표정의 결과라고 할 수 있다. 눈과 입으로만 웃는 것이 아닌 긍정적인 생각과 즐거운 마음으로 미소를 짓는 것이 진정한 밝은 표정이다. 웃음의 정신적 작용에서 알 수 있듯이 항상 밝고 즐거운 마음을 갖도록 노력하며 좋은 인상을 주기 위한 밝은 표정을 연출하는 것은 중요하다.

3) 건강증진 효과

웃음이 스트레스 및 불안을 줄이고, 고통의 조절 능력을 강화시키며, 면역력을 높인다는 전제로 행해지는 것이 웃음치료이다. 웃음은 근육의 유연성을 높이고, 항체능력을 키워 주는 T세포 수준을 높여 면역기능을 강화하며, 스트레스 수준을 낮추는 효과가 있다. 이렇게 웃음은 정서적 반응이기 이전에 인간에게 필수적인 생존요소이며, 긍정적인 신체변화를 촉진하고 부정적인 정서를 완화하여 생의 만족수준을 높이는 강력한 수단이기도 하다. 웃음은 호감 가는 이미지를 전달하는 것뿐만 아니라 스트레스를 해소하고 건강을 증진시키는 역할까지 할 수 있다.

4) 감정이입 효과

기분 좋은 미소는 나뿐만 아니라 상대방까지 행복함을 전달하는 효과를 가지고 있다. 아침에 만난 사람의 밝은 표정과 친절한 말 한마디로 하루를 상쾌하고 즐겁게 시작할 수 있다. 반면 화난 얼굴과 퉁명스러운 태도는 본인과 주변 사람들에게도 불쾌하고 불안한 마음이 전달된다. 세상에서 가장 인색한 것은 밝은 웃음을 아끼는 일이며 한 번 미소 짓는 것만으로도 사람들에게 행복감을 안겨줄 수 있다. 밝은 표정은 즐겁다는 말보다 주변을 밝게 하는 에너지를 가지고 있다.

3 밝은 표정 점수

나의 표정 점수는 과연 몇 점일까? 밝은 표정을 연출하기 위해 나의 장단점을 확인하고 부족한 부분을 밝은 표정 연출을 위한 노력과 습관으로 바꾸어 간다.

- 나의 미소 짓는 얼굴이 마음에 든다.
- 웃는 얼굴이 매력적이라는 칭찬을 받은 적이 있다.
- 웃을 때 입을 최대한 벌린다.
- 웃을 때 치아가 많이 보인다.
- 웃을 때 입술 끝이 위로 향한다.
- 웃을 때 손으로 입을 가리지 않는다.
- 항상 미소 짓고 있으려고 노력한다.
- 사람을 대할 때 자연스럽게 웃는 얼굴을 취할 수 있다.
- 환하게 미소 짓는 얼굴이 건강에 좋다고 생각한다.
- 내 웃는 얼굴을 바꾸고 싶다고 생각해 본 적이 없다.

표정은 대인관계에서 중요한 이미지를 결정하며 다양한 메시지를 상대방에게 전달하기도 한다. 상황에 따라 풍부한 표정을 연출하는 것은 서로 교감을 느끼며 마음을 전달할 수 있다. 말로만 전달하는 환영과 사과보다 얼굴 표정에서 나오는 진심어린 감정의 표현으로 상대방과 공감하고 믿음을 줄 수 있다. 밝은 미소와 호감 가는 얼굴뿐만 아니라 상황에 적합한 표정연출은 대인관계형성의 중요한 요소이다.

4 밝은 표정 만들기

표정은 사람의 얼굴에 있는 근육들로 인해 다양한 표정을 짓는 역할을 한다. 근육을 어떻게 움직이느냐에 따라 만들어지는 표정은 사람에 따라 각기 다르게 발달하여 평상 시 얼굴이 웃는 얼굴, 화난 얼굴, 슬픈 얼굴로 보여진다. 세기의 아름다운 미소를 가진 모나리자의 미소 뒤에는 44개의 얼굴 근육이 숨겨져 있다. 모나리자의 잔잔한 미소를 연출하기 위해 움직인 근육이 자그만치 44개나 된다는 것이다. 평소 어떤 얼굴표정을 짓고 있느냐는 것은 어떤 얼굴근육을 사용하여 표정을 만들었느냐로 이해할 수 있다. 밝은 표정을 연출하기 위한 얼굴근육훈련을 통하여 다양한 표정을 만들 수 있다.

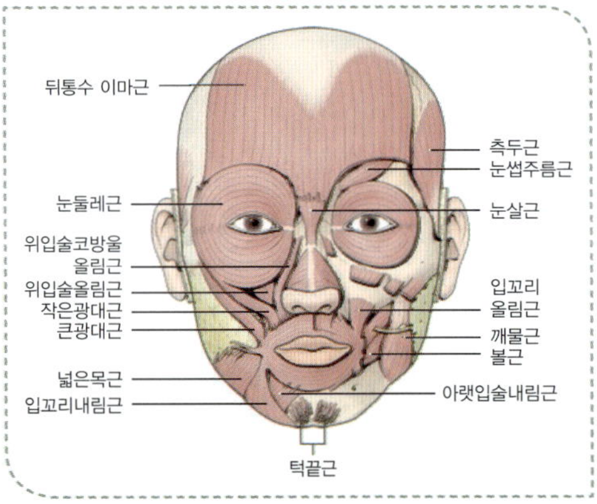

정면에서 본 얼굴근육

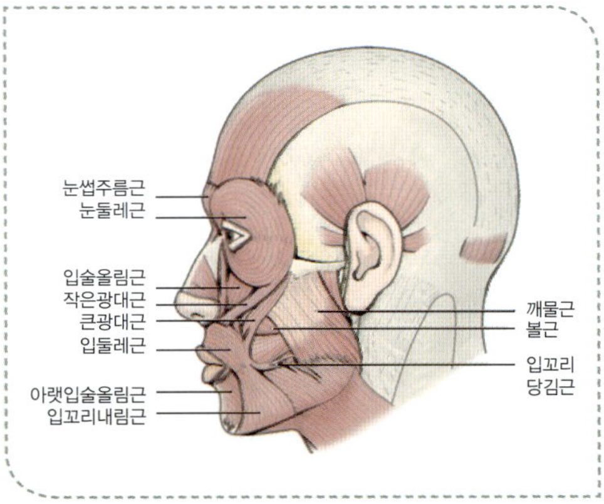

옆면에서 본 얼굴근육

1) 얼굴 운동

(1) 눈썹 운동

❶ 양 손의 검지손가락을 눈썹 위에 가볍게 둔다.

❷ 손가락을 기준으로 눈썹을 상하로 움직여 위로 5초 아래로 5초 유지한다.

❸ 5회 이상 반복하여 눈썹주름근을 풀어 준다.

(2) 눈 운동

❶ 조용히 눈을 감고 긴장을 풀어준다.

❷ 눈을 번쩍하고 크게 뜬다.

❸ 눈동자를 위로 아래로 오른쪽 왼쪽 방향으로 움직여 준다.

❹ 눈동자를 빙그르 굴린 후 눈을 감는다.

❺ 감은 눈의 눈두덩이를 손가락으로 살짝 눌러 준다.

❻ 5회 이상 반복하며 눈둘레근을 풀어준다.

❼ 눈 운동은 눈의 피로를 풀어주는 데도 효과가 있다.

(3) 코 운동

❶ 코를 위로 올려 주름이 잡히도록 한다.

❷ 5초간 유지한 후 주름을 푼다.

❸ 콧망울에 힘을 주어 부풀리고 5초간 유지한 후 힘을 뺀다.

(4) 입 운동

❶ 입을 다물고 뺨을 부풀린 후 공기를 위로 아래로 오른쪽 왼쪽으로 옮긴다.

❷ 입 안에 물고 있던 공기를 입 밖으로 뱉어낸다.

❸ 입을 최대한 양 옆으로 당긴 다음 5초간 유지한다.

❹ 입술을 앞으로 내밀어 입을 조그맣게 오므린 후 5초간 유지한다.

❺ 5회 이상 반복하여 입주위 근육을 풀어준다.

❻ 입을 최대한 양 옆으로 당긴 후 오른쪽 입술 끝을 위로 당긴다.

❼ 반대로 왼쪽 입술 끝을 위로 당긴다.

❽ 입술 끝이 왼쪽과 오른쪽이 균형 있게 올라가지 않을 경우 반복 운동으로 근육을 풀어 균형을 맞추어 준다.

2) 단계별 미소 연습

미소는 작은 미소, 보통 미소, 큰 미소가 있지만 사람에 따라 이미지를 돋보이게 하는 미소는 다르다. 경우에 따라 환하게 웃는 미소가 어울리는 사람이 있는 반면, 잔잔한 미소가 그 사람의 이미지와 어울리기도 한다. 나만의 미소를 찾아 밝은 표정을 연출하는 연습을 반복하여 아름다운 미소를 찾는 것이 필요하다.

(1) 작은 미소

❶ 입으로 '음' 소리를 내며 눈웃음을 짓는다.

❷ 입 주변의 근육을 풀어주며 반복적으로 연습한다.

❸ 입꼬리를 양쪽 끝을 위로 올리며 치아가 3~4개 보일 정도로 미소 짓는다.

❹ 미소를 10초 이상 유지한 후 다시 반복한다.

(2) 보통 미소

❶ 입꼬리를 왼쪽 오른쪽으로 올리며 입 주변 근육을 풀어 준다.

❷ 입꼬리를 양쪽 끝을 위로 올리며 치아가 5~6개 보일 정도로 미소 짓는다.

❸ 입꼬리의 양쪽 끝이 똑같이 올라가도록 한다.

❹ 눈도 함께 웃어 자연스러운 미소를 10초 이상 유지한다.

(3) 큰 미소

❶ 입을 최대한 크게 벌리고 '아, 에, 이, 오, 우'의 입 모양을 만들며 입 주변 근육을 풀어 준다.

❷ 최대한 입꼬리 끝을 양쪽 끝으로 올리고 치아가 8개 이상 보이도록 활짝 웃는다.

❸ 눈도 함께 웃으며 큰 미소를 10초 이상 유지하는 연습을 반복한다.

미소 연습을 하며 나에게 가장 잘 어울리는 미소, 자연스러운 미소를 찾아 반복적으로 연습을 한다. 입꼬리 끝이 잘 올라가지 않을 경우에는 나무젓가락을 가볍게 물고 연습을 하며, 이때 입꼬리의 양쪽 끝이 수평을 이루도록 한다. 한 쪽 입꼬리만 올라가며 웃을 경우 상대방을 비웃는 듯한 모습으로 보여질 수 있다. 또한 입만 웃고 눈이 웃지 않는다면 부자연스러운 미소로 억지 웃음으로 느껴질 수 있다.

미소를 지을 때는 눈도 함께 웃으며 입꼬리의 양쪽이 수평을 이루도록 하여야 한다.

쉬어가기

인간의 표정은 몇 가지나 될까?

행복은 모든 인간이 추구하는 감정이지만 표현 방식은 사람마다 조금씩 다르다. 환하게 웃으며 행복을 드러내는 사람이 있는가 하면 수줍게 미소를 가볍게 머금기만 하는 사람도 있다. 행복을 표현하는 표정은 몇 가지나 될까? 두려움이나 분노, 슬픔도 공통적인 표정이 존재할까?

미국 오하이오주립대학교 전자컴퓨터공학 분야의 알렉스 마르티네스 교수 연구진은 문화권을 막론하고 35개의 공통적인 표정이 존재한다고 연구를 통해 밝혔다.

연구 결과, 연구진은 인간이 1만6,384개의 표정을 지을 수 있지만, 그중 문화권을 막론하고 공통적으로 사용되는 표정은 35개에 불과한 것으로 나타났다.

물론 감정이 1만6천여 개라는 의미의 연구 결과는 아니다. 감정을 담아내는 표정이 그만큼 많을 수 있다는 의미에 가깝다. 가령 마르티네스에 의하면 역겨움을 드러낼 때는 표정 특징이 한 가지면 충분하다. 그러나 행복은 기쁨, 만족스러움, 들뜬 기분 등 그 형태가 다양하다.

〈휴먼리서치 2019. 1. 22., 김은비 기자 (부분 발췌)〉

생각해 봅시다

1. 밝은 표정의 중요성과 효과에 대해 말해 보자.

2. 다양한 얼굴 근육운동을 실습해 보자.

3. 나에게 어울리는 미소를 찾기 위해 단계별 미소 연습을 해 보자.

MEMO

작은 습관이 당신의 미래를 바꿉니다.

성공하는 사람은 "나는 특별히 아무것도 하지 않는다."라고 말합니다.

하지만 그는 역시 뭔가 다른 일을 하고 있습니다.

그것은 바로 작은 습관입니다.

그 작은 습관이 당신의 미래를 바꾸어 갈 것입니다.

습관은 노력이 아닙니다. 힘들어 하지 않으면 안 되는 것도 아닙니다.

아무렇지도 않게 하고 있는 간단한 일로 미래는 변해 가는 것입니다.

당신의 운명을 바꾸는 것은 커다란 노력이 아니라 작은 습관입니다.

– 나카타니 아키히로(오근영 옮김. 2000) '20대에 운명을 바꾸는 50가지 작은 습관' 창작시대.

Chapter

04

대화(커뮤니케이션)

Chapter 04

대화(커뮤니케이션)

학습목표

- 커뮤니케이션의 정의와 요소를 알 수 있다.
- 효과적인 말하기를 위한 다양한 화법과 음성이미지의 중요성을 알 수 있다.
- 마음을 여는 듣기로 커뮤니케이션의 경청의 중요성을 알 수 있다.

1 커뮤니케이션의 정의

커뮤니케이션(communication)의 어원은 공통(common), 공유(share)라는 뜻의 라틴어 커뮤니스(communis)에서 유래되었으며, 공동체를 의미하는 커뮤니티(community)라는 단어의 어원도 커뮤니스(communis)이다. 이렇듯 커뮤니케이션은 상대방과 함께 이루어지는 것이며, 일상생활에서 인간관계를 유지하는 중요한 수단이기도 하다. 커뮤니케이션의 사전적 의미를 보면 사람들끼리 서로 생각, 느낌 따위의 정보를 주고받는 일이며, 말이나 글, 그 밖의 소리, 표정, 몸짓 따위로 이루어진다고 하였다. 커뮤니케이션은 언어적 커뮤니케이션과 비언어적 커뮤니케이션으로 구분할 수 있으며, 일반적인 대화는 언어적 커뮤니케이션이며 상호 간에 말하기와 듣기를 통해 이루어진다. 사람들 간의 소통의 방법으로 언어를 사용하는 언어적 커뮤니케이션을 보다 효과적으로 전달하기 위해서는 비언어적 커뮤니케이션인 몸짓, 표정, 자세, 눈 맞춤 등의 요소들의 활용도 매우 중요하다.

2 커뮤니케이션의 요소

커뮤니케이션의 과정에서 언급되는 요소들로 커뮤니케이션의 과정을 이해할 수 있다.

1) 송신자

커뮤니케이션 과정에서 송신자는 생각, 정보 등을 제공하는 의사전달을 위한 행동을 하는 사람이다. 커뮤니케이션의 필요성을 느끼고 메시지를 준비하여 수신자에게 전달하는 것으로 커뮤니케이션의 시작점이 된다.

2) 메시지

송신자가 수신자에게 전달하고자 하는 내용을 상호 간에 공통적인 상징체계를 이용하여 전달하게 된다. 이러한 상징체계인 언어를 어떻게 배열하고 표현하느냐에 따라 메시지의 의미전달이 달라질 수도 있다.

3) 수신자

커뮤니케이션 과정에서 수신자가 보낸 메시지를 보고 들은 후 감각적으로 해석, 평가하는 사람이다. 효과적인 커뮤니케이션을 위해서 수신자는 송신자의 메시지 의미를 정확하게 해석하여야 하며, 송신자의 메시지가 제대로 전달되었을 때 효과적인 커뮤니케이션이 이루어진다.

4) 피드백

피드백은 송신자의 메시지에 대한 수신자의 반응으로 수신자는 행동이나 언어로 상대방에게 전달한다. 이러한 피드백의 과정에서는 수신자와 송신자의 역할이 반대로 바뀌게 되며, 잘못 전달된 메시지로 피드백이 다른 방향으로 이루어질 수 있다.

커뮤니케이션 과정

3 효과적인 말하기

대화는 생각과 지식, 정보를 전달하는 말하기에서 시작된다. 상대방에게 전달하고자 하는 내용을 정확하게 하는 것이 가장 중요하지만, 전달 과정에서 좋은 화술과 친절하고 예의 바른 태도는 상대방에게 좋은 인상을 심어줄 수 있다.

같은 말을 하더라도 개개인의 말씨와 표현으로 인격과 성품을 나타내며 상대방에게 진실된 마음과 믿음을 줄 수 있다. 스위스의 언어학자 소쉬르(Saussure)는 언어사회에서 구성원들이 공유하는 일반적이고 추상적 언어체계를 랑그(langue)라고 하였으며, 이것을 개

개인의 언어생활로 표현되는 것을 파롤(parole)이라 하였다. 개인적 발화행위(locutionary act)인 파롤은 같은 내용이라도 사람에 따라 다른 표현방법과 단어의 선택으로 대화의 품격이 달라질 수 있다. '말 한마디에 천 냥 빚을 갚는다'는 말처럼 어떻게 표현하느냐에 따라 전달되어지는 느낌은 크게 달라질 수 있으며 중요한 요소이다. 인간에게 가장 중요한 능력은 자기 표현이며 현대의 경영이나 관리는 커뮤니케이션에 의해 좌우된다는 경영학자 피터 드러커(Peter F. Drucker) 박사의 말처럼 품격 있는 말하기의 능력은 상대방의 마음을 움직일 수 있다. 말하기의 능력은 단순한 언어적 표현뿐만 아니라 목소리, 몸짓, 표정, 자세, 용모까지 모두 포함되며 기본적으로 상대방에 대한 이해와 배려를 바탕으로 이루어져야 한다. 즉, 성공적인 대화를 위해서는 언어적 요소와 비언어적 요소를 적절하게 활용하는 것이 중요하며 상황에 맞는 대화의 기술이 필요하다.

1) 좋은 말씨의 원칙

(1) 긍정의 표현

말하기의 표현 방법에는 여러 가지가 있지만 상대방과 기분 좋은 대화를 위해서는 부정의 표현이 아닌 긍정의 표현을 하는 것이 필요하다. '안 돼요, 싫어요, 틀렸어요' 등의 부정의 표현은 대화를 시작하기 전부터 상대방과 의견대립을 할 수 있으며 불쾌감을 느끼게 하여 성공적인 대화가 이루어지기 어렵다. 긍정의 표현으로 상대방을 설득하고 효과적인 대화를 이끌어내는 것이 필요하다.

- 없습니다. ⇒ ○○은 어렵지만 ○○는 가능합니다.
- 모릅니다. ⇒ ○○에 대해 알아보겠습니다.
- 안 됩니다. ⇒ ○○는 할 수 없지만 다른 방법을 확인하겠습니다.

(2) 쿠션언어

상대방과의 대화에서 부탁을 하거나 거절을 해야 할 경우 사과의 마음을 먼저 표현하는 화법으로 쿠션언어를 활용하는 것이다. 대화의 시작에서부터 거절이나 어려운 요구를 하기보다는 상대방의 감정을 먼저 헤아리고 불쾌한 감정을 최소화할 수 있도록 쿠션언어를 사용하여 감정을 완충시키도록 한다.

- 실례합니다만
- 번거로우시겠지만
- 죄송합니다만
- 불편하시겠지만
- 괜찮으시다면
- 어려우시겠지만

(3) 정중한 언어

상대방의 지위나 나이에 따라 높임말과 낮춤말을 사용하여야 하며, 경우에 따라서는 나이가 어리더라도 무조건 낮춤말을 사용하는 것은 올바른 대화법이 아니다. 정중한 언어의 표현으로는 상대방을 높이기 위해 자신을 낮추는 겸양어가 있으며, 상대방을 높이는 말로 상대방에게 경의를 표하는 존칭어가 있다.

	겸양어	존칭어
보다	봅니다	보십니다
말하다	말씀드립니다	말씀하십니다
묻다	여쭙습니다	물으십니다
가다	갑니다	가십니다

또한 압존법으로 듣는 사람의 신분이 말하는 사람보다 신분이 높지만 말하는 대상의 신분이 듣는 사람보다는 낮을 때 그 대상을 높이지 않는 것이다. 압존법은 가족이나 사제 간에 사용되는 화법이다.

- 할아버지, 아버지는 방에 안 계십니다. ⇒ 할아버지, 아버지는 방에 없습니다.
- 선생님, 선배님이 전화를 안 받으십니다. ⇒ 선생님, 선배가 전화를 안 받습니다.

(4) 명령형이 아닌 청유형

상황에 따라 상대방에게 지시나 명령을 내려야 하는 경우가 있다. 하지만 이러한 경우에서도 명령형의 표현보다는 청유형의 표현으로 대화의 분위기를 유연하게 만들 수 있으며 상대방의 의견을 존중하는 느낌을 전달할 수 있다.

- 앉으세요. ⇒ 앉아주시겠습니까?
- 기다리세요. ⇒ 기다려주시겠습니까?
- 넣으세요. ⇒ 넣어주시겠습니까?

(5) 칭찬 화법

칭찬은 고래도 춤추게 한다는 말처럼 상대방에 대한 행동, 특성, 외적인 부분 등을 좋게 말해 주는 것은 상대방의 마음을 열고 때로는 행동을 변화하게도 만든다. 상대방을 칭찬하기 위해서는 관심을 가지고 상대를 바라보며 장점을 찾아 말로 직접 표현해 주는 것이다. 칭찬은 구체적으로 사소한 것까지 해 주며 결과뿐만 아니라 과정과 노력에 대한 칭찬도 타인을 성장시키고 자신감을 갖게 해 주는 원동력이 된다. 하지만 모든 일에 칭찬만 하거나 사실과 다른 거창한 칭찬, 똑같은 내용으로 모든 사람에게 하는 칭찬은 진실성이 느껴지지 않으며 오히려 하지 않는 것이 더 좋다.

칭찬의 화법에는 외면적 칭찬 화법과 내면적 칭찬 화법이 있으며, 외면적 칭찬은 만남의 시간이 짧은 경우에도 가능하나 내면적 칭찬은 대인 간의 관계가 지속되었을 때 할 수 있다.

외면적 칭찬 화법	내면적 칭찬 화법
• 세련되고 우아함을 칭찬	• 능력을 칭찬
• 미소와 표정을 칭찬	• 용기와 정의감을 칭찬
• 안목과 감각을 칭찬	• 아량과 포용력을 칭찬
• 친절함을 칭찬	• 열정과 책임감을 칭찬
• 말솜씨를 칭찬	• 인격과 교양을 칭찬
• 소유물을 칭찬	• 결단과 협동심을 칭찬

(6) I Message & You Message 화법

긍정의 대화를 위한 나를 주어로 하여 나의 입장에서 전달하는 대화법으로 상대방에게 자신이 느끼고, 생각하고 바라는 바를 전하는 것이다. 상대방의 행동을 비난하거나 평가하기보다는 나의 감정과 입장을 전달하며 서로 이해하고 문제를 해결하기 위한 대화의 방법이다. '내 생각에는~, 나의 의견은~'으로 시작하며 명확하게 나의 생각을 전하고 상대방이 이해하고 수용할 수 있도록 한다.

2) 스피치 능력

말하기 능력은 첫째 전달력이며 상대방에게 전하고 싶은 생각이나 의견을 정확히 전달할 수 있어야 한다. 무슨 말을 하고자 하는지 상대방이 이해하지 못한다면 대화가 이루어질 수 없다. 둘째는 표현력으로 같은 내용을 말할 때 기쁨과 슬픔, 놀라움, 감탄 등의 표현으로 상대방의 주의를 끌고 흥미로운 대화가 이어질 수 있다. 마지막으로 순발력이 필요하며 상황에 따른 대처능력으로 분위기를 부드럽고 편안하게 만들 수 있으며 비즈니스 관계의 대화에서 중요한 능력이라 할 수 있다. 하지만 모든 대화는 기본적으로 상대방을 배려하며 진실된 마음을 전달할 수 있는 능력이 가장 중요하다고 할 수 있다.

3) 호감 주는 음성이미지

외적인 이미지와 함께 음성이미지는 첫인상을 좌우하는 매우 중요한 요소이며, 어떠한 음성이미지를 가지고 있느냐에 따라 대화의 내용이 달라질 수 있다. 부드러운 음성으로 상대방에게 요구하는 것과 강압적인 음성으로 상대방에게 요구하는 것은 큰 차이가 있으며 그 결과는 달라질 수 있다.

목소리는 사람에 따라 큰 목소리와 작은 목소리가 있고, 낮거나 높으며, 가늘거나 굵은 목소리 등 개인에 따라 다양하다. 이러한 개인적 특성을 확인하고 연습을 통하여 편안하고 듣기 좋은 음성으로 바꾸도록 한다. 특히 작은 목소리로 듣기 어려운 음성, 콧소리가 나거나 부정확한 음성, 톤이 지나치게 높아 듣는 사람이 불편함을 느끼는 음성, 딱딱하거나 화가 난 듯한 음성 등은 상대방에게 호감 가는 느낌을 전달할 수 없으며 때로는 불쾌감을 주기도 한다. 정확한 발음과 적절한 억양과 속도로 기분 좋은 대화를 이끌어가는 음성이미지를 연출하도록 한다.

(1) 정확한 발음

단어의 발음을 정확하게 하여 상대방에게 전달하고자 하는 내용과 의도를 명확하게 표현할 수 있다. 정확한 발음연습을 위해서 꾸준하게 반복하는 것이 필요하다.

❶ 정확한 발음 연습을 위한 첫 번째 단계로 '아, 에, 이, 오, 우'의 음절을 크고 정확하게 입을 움직여 큰소리로 말한다.

❷ 여러 번 반복하여 음절에 따른 입모양으로 정확하게 말할 수 있도록 한다.

❸ 가나다라 발성훈련으로 한 음절씩 끊어 읽으며 자음과 모음에 따른 발음을 유의하며 연습한다.

	ㅏ	ㅑ	ㅏ	ㅕ	ㅗ	ㅛ	ㅜ	ㅠ	ㅡ	ㅣ	ㅐ	ㅔ	ㅚ	ㅟ
ㄱ	가	갸	거	겨	고	교	구	규	그	기	개	게	괴	귀
ㄴ	나	냐	너	녀	노	뇨	누	뉴	느	니	내	네	뇌	뉘
ㄷ	다	댜	더	뎌	도	됴	두	듀	드	디	대	데	되	뒤
ㄹ	라	랴	러	려	로	료	루	류	르	리	래	레	뢰	뤼
ㅁ	마	먀	머	며	모	묘	무	뮤	므	미	매	메	뫼	뮈
ㅂ	바	뱌	버	벼	보	뵤	부	뷰	브	비	배	베	뵈	뷔
ㅅ	사	샤	서	셔	소	쇼	수	슈	스	시	새	세	쇠	쉬
ㅇ	아	야	어	여	오	요	우	유	으	이	애	에	외	위
ㅈ	자	쟈	저	져	조	죠	주	쥬	즈	지	재	제	죄	쥐
ㅊ	차	챠	처	쳐	초	쵸	추	츄	츠	치	채	체	최	취
ㅋ	카	캬	커	켜	코	쿄	쿠	큐	크	키	캐	케	쾨	퀴
ㅌ	타	탸	터	텨	토	툐	투	튜	트	티	태	테	퇴	튀
ㅍ	파	퍄	퍼	펴	포	표	푸	퓨	프	피	패	페	푀	퓌
ㅎ	하	햐	허	혀	호	효	후	휴	흐	히	해	헤	회	휘

(2) 어려운 문장 읽기

어려운 문장을 발음에 주의하며 정확히 읽는 연습을 한다. 이때 빨리 읽으려 하지 말고 발음을 정확히 하는 것에 중점을 두고 읽는다. 특히 문장의 뜻을 생각하며 띄어 읽기를 하면 상대방이 이해하기 쉽게 전달될 수 있다.

- 간장공장 공장장은 강 공장장이고, 된장공장 공장장은 공 공장장이다.
- 저 분은 백 법학박사이고, 이 분은 박 법학박사이다.
- 상표 붙인 큰 깡통은 깐 깡통인가, 안 깐 깡통인가.
- 멍멍이네 꿀꿀이는 멍멍해도 꿀꿀하고, 멍멍이는 꿀꿀해도 멍멍한다.
- 옆집 팥죽은 팥 팥죽이고, 뒷집 콩죽은 검은 콩 콩죽이다.
- 중앙청 창살은 쌍창살이고, 시청 창살은 외창살이다.
- 서울특별시 허가과 허가과장 허과장
- 한영 양장점 옆 한양 양장점, 한양 양장점 옆 한영 양장점

문장의 끊어 읽기와 쉼의 위치에 따라 문장의 의미가 완전히 다르게 전달될 수 있으며 유의해서 읽거나 말을 해야 한다.

- 철수는/ 울면서 떠나는 영희를/ 배웅했다.
- 철수는 울면서/ 떠나는 영희를/ 배웅했다.

(3) 주의해야 할 발음 규칙

❶ 모음의 발음 방법에서 '아, 어'는 입모양이 위아래로 열리고 '오, 우'는 돌출된다. '으, 이, 외, 위, 에, 애'는 옆으로 당겨지도록 한다.

- 개 네 마리 게 네 마리

❷ 장음과 단음을 발음에 주의하여 정확한 의미를 전달하도록 한다.

- 눈에 눈이 들어가면 눈물인가 눈물인가 (눈보라[눈:보라])

❸ 숫자의 장음은 2[이:] 4[사:] 5[오:]이다.

- 탑승게이트는 57[오:십 칠]번입니다.

❹ '의' 발음은 첫 글자는 [의], 조사는 [에], 단어의 끝에는 [이]라고 발음한다.

- 의사[의사]
- 손님 여러분의[손님 여러분에]
- 주의[주이]

❺ 이중모음의 경우 발음에 주의하여 정확하게 발음한다.

- **보관** : [보관] 〉 [보간]
- **통화** : [통화] 〉 [통하]
- **완전** : [완전] 〉 [안전]

(4) 음의 높이

음의 높이는 상황과 장소에 따라 적절하게 표현한다. 조용한 공간에서 대화를 할 때는 작은 목소리로 상대방과 대화를 하고, 일반적인 대화를 할 때는 그에 적합한 높이로 말한다. 특히 공공의 장소에서는 타인에게 피해가 가지 않도록 너무 큰 목소리로 대화하는 것은 주의해야 한다. 음의 높이는 강조하고 싶은 내용이 있을 때 강약을 주어 표현하여 전달력을 높일 수 있다.

단 계	내용 및 용도	발성 및 제스처
10단계	큰소리, 고함	열이면 열이다
9단계	대중 연설	아홉이면 아홉이요
8단계		여덟이면 여덟이요
7단계	강의 프레젠테이션	일곱이면 일곱이요
6단계		여섯이면 여섯이요
5단계		다섯이면 다섯이요
4단계	일반적 대화 상담, 토론	넷이면 넷이요
3단계		셋이면 셋이요
2단계		둘이면 둘이요
1단계	속삭임, 귓속말	하나하면 하나요

(5) 말의 속도

말의 속도는 너무 빠르거나 느리지 않도록 한다. 말의 속도가 너무 빠르면 다급하고 불안하게 느껴지고 말의 속도가 너무 느리면 성의가 없으며 관심이 없는 것처럼 느껴질 수 있다. 특히 빠른 속도로 말을 할 경우 정확한 발음 표현이 어려워 상대방이 이해하기가 어렵다. 일반적으로 말의 속도는 개인의 성격과 관계가 있으며, 전달할 내용이나 대상에 따라 적절한 속도로 말을 한다.

쉬어가기

혼자서 하는 스피치 호흡법

스피치와 관련하여 호흡 훈련을 하는 이유는 첫째, 평온한 상태에서 스피치를 하기 위해서다. 둘째, 발성을 강화하기 위해서다. 셋째, 목소리의 다양성을 이루기 위해서다. 넷째, 스피치를 위한 호흡의 속도와 깊이를 조절하기 위해서다.

❶ 이완시킨다.
❷ 어깨와 목에 힘을 빼고 얼굴의 턱은 약간 앞으로 당긴다.
❸ 입술은 힘을 주지 않고 자연스럽게 둔다.
❹ 손은 배꼽과 단전 사이에 살포시 올려놓는다.
❺ 다리는 한쪽을 약간 앞으로 내밀어 앞부분에 무게 중심을 두는 느낌으로 고정시킨다.
❻ 천천히 코로 숨을 마시고 꽃병에 물을 부을 때처럼 공기로 가득 찬 배라고 상상한다. 먼저 배를 채우고, 다음으로 갈비뼈 근처를 채우고, 그다음으로 턱 있는 곳까지 올라온다.
❼ 이 호흡 상태를 유지하며 5를 센다. 이때 횡격막이 내려가 장기를 누르고 배의 둘레가 나온다. 갈비뼈는 옆으로 벌어진다.
❽ 숨을 들이쉰 상태에서 3초간 숨을 잡아 둔다.
❾ 이제 천천히 코와 입으로 숨을 내뱉는다.
❿ 이 호흡 상태를 유지하며 10을 센다. 이때 갈비뼈가 확장되고 복부가 조여지는 느낌으로 숨을 내쉰다. 이것은 치약을 짤 때처럼 복부의 아랫부분이 먼저 조여지면서 숨을 내뱉어야 한다. 숨을 내쉴 때 가슴은 위로 올라가는 느낌이 들고, 횡격막이 올라오며 배의 둘레가 줄어든다.

출처 : [네이버 지식백과] 스피치 호흡 (감성과 신뢰의 스피치기법, 2014. 4. 15., 김은경, 송기인)

4 마음을 여는 듣기

대화의 능력이야말로 성공을 가늠하는 잣대가 될 수 있으며 대화의 기술은 말하기보다는 듣기의 능력이며 듣기는 상대방의 말을 경청(敬聽)하는 것이다. 경청은 상대방의 말을 듣기만 하는 것이 아니라 전달하고자 하는 말의 내용과 그 내면에 있는 생각과 감정을 함께 이해하는 것이다. 이러한 경청의 능력이야말로 효과적인 커뮤니케이션의 중요한 기법이다. 말하는 것은 지식의 영역이고, 듣는 것은 지혜의 영역이라고 하듯이 성공적인 대화를 위해서는 상대방의 말에 귀기울여 마음을 여는 듣기를 하여야 한다.

1) 경청의 기법

(1) 123 화법

123화법이란 1분 동안 말할 때 2분 이상 귀 기울여주며 3번 이상 긍정의 맞장구를 해 주라는 의미이다. 대화에서 본인의 이야기만 하는 것이 아니라 상대방이 말하고자 하는 내용에 더 관심을 가지고 대화를 하며 그에 대한 반응을 보여주는 것이라 할 수 있다. 이러한 대화를 할 때 상대방에 대한 관심을 표현하고 의견을 존중하는 모습으로 성공적인 대화를 할 수 있다.

(2) 맞장구

맞장구는 상대방의 이야기에 관심을 가지고 경청하고 있음을 표현하는 방법이다. 대화의 중간 중간에 적절하게 긍정의 맞장구, 재촉의 맞장구, 정리의 맞장구를 하며, 말하는 사람의 기분과 감정을 공감하는 것이다. 맞장구는 음성으로 감탄사나 대답을 해 주기도 하며 몸짓으로 고개를 끄덕이거나 갸우뚱하며 흥미롭게 듣고 있음을 표현해 준다. 중간 중간 내용에 적합한 질문을 통해 대화를 자연스럽게 이끌어 나갈 수도 있다.

(3) 공감의 듣기

대화의 내용을 들으며 말하는 사람의 감정과 생각을 공감한다. 상대방의 입장에서 이해하며 상황을 감정이입하여 들어주는 것이다. 대화의 내용에 기쁨과 슬픔, 분노와 안타까운 감정을 함께 공감하는 능력이다. 이러한 공감능력은 상대방의 마음을 읽고 대화하는 내용에 귀담아 듣고 있음을 표현하는 것이다.

2) 경청의 실수

상대방과 대화하며 경청의 자세는 매우 중요하며 잘못된 태도로 상대방에게 불쾌함을 줄 수 있으므로 주의한다.

- 대화 도중에 말을 끊으며 자신의 이야기를 한다.
- 대화의 주제를 바꾸어 상대방의 이야기에 관심이 없음을 드러낸다.
- 주의가 산만하며 대화에 집중하지 않으며 주변에 다른 것에 관심을 둔다.
- 대화 내용을 들을 때 지루해하며 손장난이나 하품을 하고 시계를 본다.
- 말하고 있는 사람의 이야기를 듣지 않고 다른 사람과 대화를 한다.
- 부정적인 메시지를 전달하는 표정과 자세로 듣는다.

5 비언어적 커뮤니케이션

커뮤니케이션을 할 때 사용하는 단어나 문장들로 상대방과 의사소통을 하지만 비언어적인 요소들로 추가적인 정보를 줄 수 있다. 같은 말을 하더라도 어떠한 표정과 자세로 대화를 하느냐에 따라 의미 전달은 달라질 수 있다. 미소 띤 얼굴로 상대방에게 '내가 지금 화가 났어'라고 말하는 것과 화난 얼굴로 말을 할 때 의미는 전혀 다르게 전달된다. 의도적으로 표정이나 목소리, 태도를 나타내며 의사전달을 하는 경우도 있지만 무의식적으로 나타나는 비언어적 요소들로 의미가 전혀 다르게 전달되기도 한다.

1) 표정

표정은 감정이나 생각을 가장 잘 표현하는 비언어적 커뮤니케이션 수단이다. 얼굴표정은 상대방에게 호감을 주는 이미지를 전달하여 대화의 분위기를 유연하게 만들기도 하지만, 짜증이 나거나 화난 감정이 그대로 표출되기도 한다. 밝고 긍정적인 표정으로 대화의 분위기를 유쾌하게 만들도록 노력해야 한다. 이러한 표정관리는 스스로의 감정을 조절하고 반복적인 훈련을 통해 스스로를 관리하는 것이 요구된다.

2) 눈 맞춤

상대방에게 관심과 흥미가 있음을 나타내는 것이 상대의 눈을 바라보는 눈 맞춤이다. 대화를 할 때 경청하고 있음을 알리고 신뢰감을 줄 수 있도록 시선처리를 하는 것이 필요하다. 눈동자를 위로 하며 상대를 바라보면 자신감이 없는 것처럼 보이고, 눈동자를 아래로 내리고 바라보면 상대를 무시하는 것처럼 보일 수 있다. 말을 할 때 눈동자를 왼쪽이나 오른쪽으로 올리고 이야기를 할 경우에는 말의 내용에 신뢰도가 떨어지며 시선을 회피하며 다른 곳을 바로 보면 대화가 지루하게 느껴질 수 있다.

3) 몸짓

대화를 할 때 신체적 동작을 사용하여 언어적 커뮤니케이션에 대한 부연 설명을 하거나 이해를 높이기도 한다. 이러한 몸짓은 언어가 서로 통하지 않는 문화나 국가에서도 소통될 수 있는 중요한 커뮤니케이션 수단이 되기도 한다. 몸짓을 할 때 손동작으로 방향이나 물건을 가리키기도 하고 크기를 가늠할 수 있도록 하기도 한다. 하지만 대화 중 너무 과장되고 빈번하게 사용하는 몸짓은 피하는 것이 좋다.

4) 자세

서 있는 자세, 팔의 위치, 상체의 자세 등은 마음가짐에서 나오는 몸가짐이다. 한 쪽 다리에만 중심을 두고 서 있는 자세나 팔짱을 끼고 있는 자세는 상대방에게 공격적인 느낌을 주며, 상체를 앞으로 기울이면 상대방의 이야기를 귀 기울여 들으며 흥미를 가지고 집중하는 것을 나타낸다. 바르고 세련된 자세는 개인의 인격을 나타내고 매너를 표현하는 수단이기도 하며 성공적인 대화를 이끌어 가는 요소이다.

5) 거리

커뮤니케이션을 할 때 상대방과의 거리는 사회적 관계나 친밀도에 따라 다르다. 좁은 공간에서 너무 가까이 대화를 하면 상대방에게 불편함을 초래할 수 있으며, 너무 먼 거리는 커뮤니케이션의 오류가 발생할 수 있다. 사회적 지위나 상황, 친밀도의 정도에 따라 적절한 거리를 유지하여 대화를 한다.

- 친밀한 거리 : 15cm ~ 45cm
- 개인적 거리 : 46cm ~ 1m 20cm
- 사회적 거리 : 1m 21cm ~ 3m 60cm
- 공적인 거리 : 3m 61cm ~ 7m 60cm

생각해 봅시다

1. 커뮤니케이션의 요소와 특징에 대해 말헤 보자.

2. 효과적인 대화를 위한 화법의 종류와 방법에 대해 알아보자.

3. 호감주는 음성이미지를 만들기 위해서 갖추어야 할 요소를 알고 연습해 보자.

4. 경청의 기법인 123화법에 대해 설명해 보자.

5. 경청의 실수에는 어떠한 것들이 있는지 생각해 보자.

6. 비언어적 커뮤니케이션의 종류와 특징에 대해 말해 보자.

Chapter

05

성공적인 직장생활을 위한 비즈니스 매너

Chapter 05

성공적인 직장생활을 위한 비즈니스 매너

학습목표

- 비즈니스 매너의 이해와 학습을 통해 직장매너를 익힌다.
- 직장매너를 상황별로 연습하여 습득한다.
- 전화예절의 중요성을 이해한다.
- 전화응대 방법을 통해 전화 거는 방법, 전화 받는 방법을 익힌다.

1 비즈니스 매너

1) 직장 매너

직장을 통해 자아실현과 성공적인 삶을 영위하며 급여를 받아 경제적인 터전이 마련되고 있다. 직장에서는 다른 구성원들을 서로 존중하며 공동의 목표를 향해 배려하고 인정하며 발전하는 모습을 보이도록 노력을 하여야 한다. 책임감과 자율적으로 업무를 수행하고 다른 직장동료들과의 인간관계와 직장매너에 소홀함이 없어야 한다.

(1) 근무 매너

직장에서 어떤 마음가짐으로 근무를 하느냐에 따라 직무의 만족도가 다르게 나타난다. 상사와 동료 간의 원만한 인간관계가 업무의 성과로 나타나므로 근무매너를 준수해야 한다. 하루 중 가장 많은 시간을 직장에서 보내므로 서로에 대한 배려와 이해를 통해 공동의 목표를 이루도록 노력한다.

❶ 출근 시 에티켓

- 출근은 근무시간 15~30분 전에 완료하여 여유롭게 업무를 위한 준비를 한다.
- 피치 못할 사정으로 지각이나 결근을 할 경우 연락을 하고 사과와 사유를 보고한다.
- 출근복장은 시간, 장소, 상황(T.P.O)에 어울리도록 하여 회사의 이미지를 높이도록 한다.
- 직장 동료들에게 밝고 환하게 인사하여 활기찬 직장 분위기를 만든다.
- 본인이 해야 할 업무를 정리하며 우선순위를 생각하며 근무준비를 한다.

❷ 근무 중 에티켓

- 밝은 분위기로 근무에 임하며 동료 간에는 예의 바르고 명랑하게 대한다.
- 친한 동료 사이에도 예의가 중요하므로 직장에서는 공과 사를 구분하여 예의를 지키며 근무한다.
- 근무 중에는 사적인 일이나 사적인 전화는 하지 않는다.
- 공동으로 사용하는 물품은 사용 후 제자리에 두어 사용에 불편함을 주지 않는다.
- 점심시간과 휴식시간을 명확히 구분하여 업무에 생산성을 높인다.
- 본인에게 주어진 임무만 수행하는 것이 아니라 스스로 할 일을 찾아 수행하여 발전적인 모습을 보인다.
- 외출 시 상사에게 허가를 받고 보고한다.
- 외근 시 행선지, 용무와 돌아올 시간 등을 상사에게 보고하고 실수하지 않도록 예정 일정을 확인한다.

❸ 퇴근 시 에티켓

- 퇴근 시 책상 위의 문서와 서류, 사무용품 등은 깨끗하게 정리하고 지정된 자리에 둔다.

- 그날의 업무는 가능하면 그날 마무리하며, 미처리된 업무와 다시 해야 할 일은 상사에게 보고하여 다시 지시 받는다.
- 근무시간 종료와 함께 바로 퇴근하는 것은 바람직하지 않으며 퇴근 준비는 근무시간 종료 후에 한다.
- 상사보다 먼저 퇴근할 경우는 "필요한 용무는 없습니까?" 확인 후 "먼저 퇴근해도 괜찮겠습니까?" 정중히 물어본 뒤 퇴근한다.
- 퇴근 시에는 상사와 동료들에게 밝게 "내일 뵙겠습니다." "감사합니다." 인사를 나눈다.
- 마지막에 퇴근하는 직원은 소등과 시설물 점검을 확인한다.

(2) 거래처 방문매너

직장생활에서 거래회사를 방문하는 경우에 본인 회사를 대표하는 마음가짐과 방문매너를 갖춘다. 예를 갖춘 행동과 태도로 상대방에게 좋은 이미지로 기억되도록 하며 업무 결과에도 만전을 기한다.

❶ 방문 준비

- 방문 전에 약속을 반드시 하고 상대방에게 방문하기 좋은 시간을 물어보고 시간 약속을 한다. 점심시간과 퇴근 전에 방문은 피한다.
- 방문 목적은 미리 정리하고 필요한 자료를 꼼꼼히 준비한다.
- 이동 시간을 계산하여 약속시각에 늦는 실수를 하지 않도록 한다.

❷ 방문할 때

- 약속시각보다 미리 도착하여 화장실에서 복장 등을 점검한다.
- 도착 후 비서나 안내데스크에 본인의 명함을 전달하고 방문 목적을 알린다.
- 코트는 사무실에 들어가기 전에 벗고 착석 시에는 접어서 무릎 위나 쇼파의 팔걸이에 놓는다. 가방이 크면 발 옆에 놓는다.

- 자리를 권하면 "감사합니다."하고 인사를 하고 앉는다.
- 착석 후 다과가 제공 되면 감사 인사를 한다.
- 방문 목적을 간결하고 명확하게 말하고 진행 사항은 메모를 한다. 중요한 내용은 복창 후 확인한다. 사무실에 오래 머무르지 않도록 한다.

❸ 방문이 끝나고

- 만남과 시간을 내어 준 것에 대한 감사 인사를 한다.
- 방문 목적의 결과가 좋은 경우 예의 바르게 감사 인사를 하고 결과가 좋지 않은 경우 표정으로 나타나지 않도록 하며 다음 약속을 잡는다.
- 마지막까지 본인이 회사를 대표한다는 생각으로 좋은 이미지로 최선을 다한다.

(3) 호칭매너

직장 내에서 올바른 호칭이 직장예절에 기본이 된다. 올바른 호칭을 구사하여 상사와 동료 간에 존중하는 마음을 전달하고 원활한 의사소통이 이루어지도록 노력한다.

❶ 상급자에 대한 호칭

- 상급자는 성과 직위 다음에 존칭 '님'을 붙인다. "최 부장님", "오 과장님"
- 상급자를 직접 부를 때는 직위, '님'을 붙인다. "상무님", "부장님", "대리님"
- 타 부서의 상급자는 부서명, 직급, '님'을 붙인다. "회계 팀장님", "총무 과장님"

❷ 동료 간의 호칭

- 동료 혹은 동급자 사이에는 성과 직위 또는 직급 명을 부른다. "이 대리", "은혜씨"

❸ 하급자에 대한 호칭

- 하급자에게는 성과 직위 또는 직급 명을 부른다. "이 과장", "인사과장"

- 직책이 없는 경우는 "○○씨" 라고 부른다. "민지씨"
- 하급자라도 나이가 많은 경우에는 예의를 갖추어야 한다.

❹ 실수하기 쉬운 호칭

- 문서상에는 상사의 존칭을 생략한다. "과장님 지시" → "과장 지시"
- 사무실(사물) 명칭에는 존칭을 사용하지 않는다. "사장님 실" → "사장실"
- 당사자가 있는 자리에서 지시사항을 전달할 때는 "님"을 붙인다.
  "상무님 지시사항을 말씀드리겠습니다."

직위, 직급, 직책을 알아봅시다.

– 직위 : 직무에 따라 규정되는 사회 · 행정적인 위치
– 직급 : 직무의 등급
– 직책 : 직무상의 책임

(4) 경조사 매너

살아가면서 생기는 경조사의 참석으로 상대방에게 신뢰감을 줄 수 있으며 사회생활을 하는 데 많은 영향을 준다.

경조사는 경사스러운 일과 궂은일을 이르는 말이다. 경사스러운 일은 함께 축하하며 즐거움을 나누며, 궂은일은 슬픔과 어려움을 같이 하며 인간관계를 돈독하게 한다.

좋은 일은 선물과 축하 메시지, 편지 등으로 축하의 마음을 전하고, 슬픈 일은 직접 찾아가 위로의 마음을 전하는 것이 한국인의 아름다운 정 문화이다.

좋은 인간관계가 유지되도록 지켜야 할 경조사 매너를 알아보자.

❶ 결혼식

- 여성하객의 복장은 화사하고 밝은 색으로 입으며 흰색은 피하고, 남성하객은 정장에 밝은 색 타이를 한다.
- 식장에는 미리 도착하여 혼주와 인사를 나누고 축의금을 전달한다.
- 축의금 봉투의 앞면에는 축하 문구를 쓰고, 뒷면에는 보내는 사람의 이름을 적는다.
- 축하를 선물로 할 경우에는 필요한 것을 물어보고 준비하여 전달한다.
- 결혼식장 내에는 신랑, 신부의 축하객들이 참석하므로 언행에 주의한다.

축하금 봉투 문구

– 축 화혼(祝 華婚), 축 결혼(祝 結婚), 축 혼인(祝 婚姻)

❷ 출산

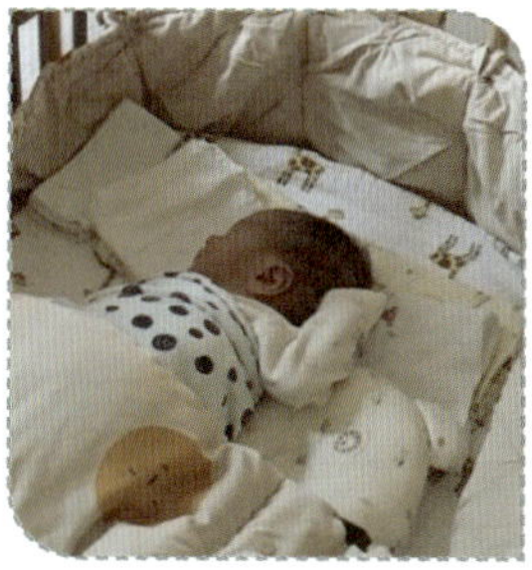

- 출산 축하 방문은 출산 후 바로 하는 것보다 3주가 지난 후에 하는 것이 좋다.
- 축하 선물은 필요한 것을 물어보아 준비하여 전달한다.
- 아기의 탄생을 축하하며 산모의 건강을 기원한다.
- 방문 후 신생아와 산모의 휴식을 위해 오래 머무르지 않는다.
- 방문 시 청결을 유지하며 아기를 많이 만지지 않는다.

❸ 돌잔치

- 돌잔치는 유아의 첫 번째 생일을 축하하는 의식으로, 유아의 앞날이 번영하기를 기원하는 한국의 풍습이다.
- 돌잔치의 '돌'은 열두 달을 한 바퀴 돌았다는 뜻으로 과거에는 돌을 못 넘기고 죽는 아기도 많았기 때문에 1년을 넘겼으면 앞으로도 무사히 살아남는다는 뜻으로 잔치를 한다.
- 돌잔치에서는 돌잡이 행사를 하며 아이의 돌을 축하하며 반지, 옷, 축하금 등을 선물한다.

❹ 문상

- **조상** : 죽은 이에게 예를 표함
- **문상** : 남의 죽음에 대하여 슬퍼하는 뜻을 드러내어 상주를 위문함
- **조문** : 조상과 문상을 합쳐 조문이라 함

- 문상 갈 때의 복장은 남성은 검은색 정장에 검은 넥타이를 매고, 여성은 검은색 옷을 착용하고 짙은 화장은 피한다.
- 부고를 받으면 가능하면 빨리 가서 애도를 표하도록 한다.
- 문상을 갈 때 너무 이른 시각과 늦은 시각은 피한다.
- 상주에게 말을 많이 시키지 않는다.
- 장례식장에 들어가기 전에 휴대폰은 끄거나 진동으로 한다.
- 조문객이 여러 명일 경우 대표가 분향한다.
- 조의금은 적당한 금액으로 성의를 표하여 호상소에 접수하거나 부의함에 넣으며, 상주에게 직접 전달하지 않는다.
- 상가에서 큰소리로 웃거나 떠드는 것은 실례이다.

(4-1) 분향 시

- 상제에게 목례를 한 후 영정 앞에 무릎을 꿇고 분향한다.
- 오른손으로 향을 1~2개 집어 촛불로 불을 붙인 후 왼손으로 가볍게 흔들어 끈다.
- 일어서서 영좌 앞에서 묵념 또는 큰절을 두 번 한다.
- 서서 인사하는 경우에는 남자는 오른손이 여자는 왼손이 위로 올라간 공수를 하여 인사한다.

(4-2) 헌화 시

- 헌화할 때는 영정에 두 손으로 꽃봉오리가 조문객을 향하도록 올린다.
- 물러서서 묵념 또는 기도를 한다.

조의금 봉투 문구

– 부의(賻儀), 근조(謹弔), 추모(追慕), 추도(追悼), 애도(哀悼), 위령(慰靈)

2 보고 매너와 지시 매너

직장에서 업무를 수행하는 과정에서 상사의 명령과 지시를 정확히 파악하여 성공적으로 과업을 마무리하여야 한다. 업무 수행과정에서 일에 관한 내용과 결과를 말이나 글로 정확하고 신속하게 보고하는 것이 중요하다.

1) 지시받을 때 매너

- 상사의 지시를 받을 때는 필기도구를 준비하고 경청하며 요점을 복창하고 육하원칙에 의해 정확히 기록한다.
- 지시받은 내용 중 의문 나는 점은 질문하여 확인 후 업무를 수행한다.
- 지시받은 사항은 반드시 실행에 옮기도록 하며, 지시사항을 실행하기 어려운 경우 이유를 보고하고 상사의 의견을 따른다.
- 일의 목적과 처리방법에 주의하여 지시 받은 일을 수행한다.
- 실행 결과는 재확인하여 실수하지 않도록 한다.
- 실행 결과는 시기에 맞춰 보고하도록 한다.

2) 보고할 때 매너

- 지시를 받고 나면 상사의 지시사항과 요구사항을 정확히 파악하고 일의 중요도에 따라 진행 순서를 정한다.
- 보고할 때의 자세는 상사의 책상에서 조금 떨어진 측면에서 보고한다.
- 일의 진행과정이 복잡해서 시간이 오래 소요될 때는 중간보고를 통해 진행상황을 알린다.
- 지시받은 일이 끝나면 결과를 정확하게 보고해야 한다.
- 보고는 두괄식으로 결론을 먼저 말하고 과정은 나중에 설명한다.
- 보고 순서는 결론, 이유, 경과 그리고 소견을 사실에 입각하여 논리적이고 객관적으로 보고한다. 보고 후 상사가 궁금해 하는 사항을 질문 받는다.
- 보고의 원칙은 지시한 사람에게 보고한다.
- 보고의 내용이 복잡할 때는 문서로 작성하여 함께 보고한다.
- 모든 업무는 보고를 통해 마무리되므로 지시받은 일을 완전히 끝낸 즉시 보고한다.
- 보고가 끝나면 상사의 지시사항과 의견을 기록하고 보관한다.

3 전화매너

현대사회에서 전화는 우리 생활 속에 중요한 의사소통의 수단으로 많은 사람들이 휴대폰을 필수품으로 휴대하며 직장에서도 전화는 중요한 커뮤니케이션의 수단이다. 이처럼 전화의 보급률은 높아졌지만 전화예절은 그다지 높아지지 않고 있다.

전화예절이 중요한 이유는 상대방을 보지 않고 전화를 통한 커뮤니케이션을 어떻게 하느냐에 따라 성과가 달라지기 때문이다.

음성으로 전달되는 비 대면인 전화응대는 목소리를 통해 상대방에게 좋은 이미지로 전달되기도 하고, 불쾌한 이미지로 전달되기도 한다.

직접대화(Face to Face Communication)는 보여지는 태도 55%, 청각적인 요소 38%, 사용하는 언어7 %로 상대방에게 전달되며 전화통화(Telephone Communication)는 청각적인 요소가 82%, 사용하는 언어가 18%로 사용되는 단어로 언어의 전달이 이루어져 음성관리가 중요성이 부각된다.

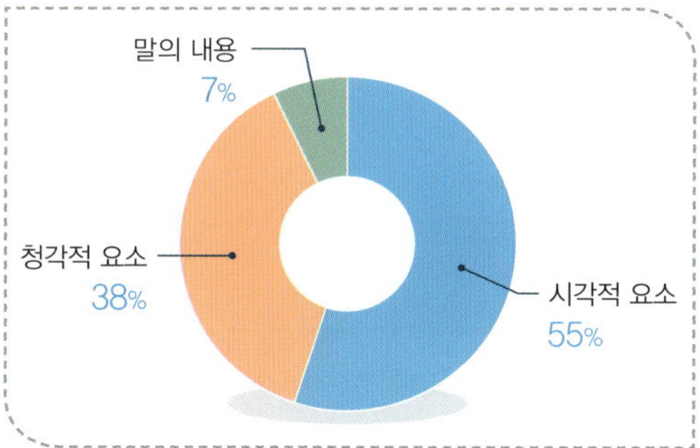

대면 시

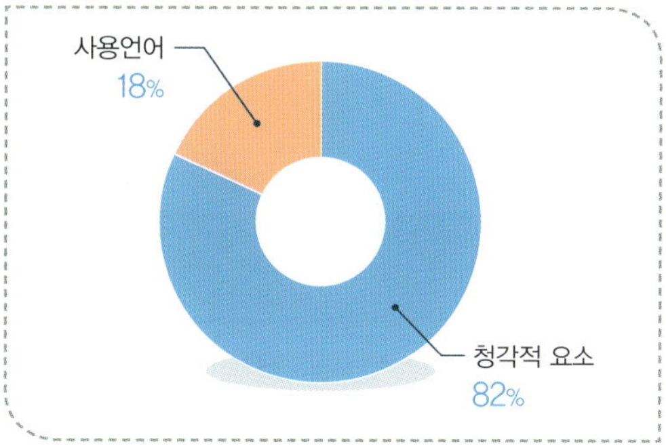

비대면 시

1) 전화응대 기본자세

(1) 밝은 목소리

- 미소를 띤 얼굴에서 밝고 상냥한 목소리가 나온다.
- 목소리에 미소를 담고 전화 내용에 따라 목소리의 톤을 조절한다.

(2) 정중한 말투

- 전화의 첫 대면은 존댓말로 응대한다.
- 상대방의 말하는 중간에 끼어들지 않고 끝까지 듣고 응대한다.

(3) 책임감 있는 응대

- 전화를 다른 부서나 다른 사람에게 돌려주는 경우, 전화가 끊어질 것을 대비하여 전화 받을 부서의 전화번호를 알려준다.
- 통화 중에 전화가 끊겼을 경우, 전화를 걸은 쪽에서 다시 거는 것이 원칙이지만 상대방의 전화번호를 알고 있다면 전화를 건다.

2) 전화의 특성

(1) 목소리(음성)로 전달된다

- 전화는 음성에 의존하여 통화하므로 상대방에게 경쾌하고 밝은 목소리로 응대한다.

(2) 일방적으로 걸려온다

- 전화는 상대방의 사전 통보 없이 일방적으로 통화가 이루어지므로 항상 준비된 자세를 가진다.

(3) 보안성이 없다

- 기업에서 사전 양해를 구하고 녹취하는 사례와 휴대폰의 녹음 기능을 이용하여 녹취 사례가 빈번하다. 이처럼 전화는 보안성이 없다.
- 전화 통화 시 반경 10m 안에 소리는 상대방에게 모두 들려 비밀유지가 어렵다.

(4) 경비가 발생된다

- 전화를 사용하면 경비가 발생한다. 상대방이 시간과 비용을 들여 전화를 하면 성의 있는 태도로 전화응대를 해야 한다.

3) 전화응대 3원칙

(1) 친절 : 밝고 따뜻한 인사말과 상대방에 대한 관심

- 첫 인사말은 그 기업의 이미지를 전달하므로 밝고 따뜻한 인사를 전한다.
- 직함과 호칭에 주의하며 단어 선택에 신경 쓴다.
- 친절한 음성으로 상대방의 기분과 심리를 긍정적으로 만든다.

(2) 신속 : 전화벨은 2~3회 울리면 받는다

- 전화벨이 2~3회 울리면 신속하게 받는다. "안녕하십니까? (소속) 홍길동입니다."
- 전화벨이 3회 이상 울려 늦게 받은 경우에는 양해의 말을 전한다.
  "늦게 받아 죄송합니다. (소속) 홍길동입니다."

(3) 정확 : 정확한 정보, 지식과 문의 사항에 대한 바른 안내를 한다

- 중요한 사항은 반복하여 확인한다.

- 바르고 쉬운 말로 표현하며 전문용어와 속어는 사용하지 않는다.
- 인사, 소속, 이름을 밝히며 또박또박 정확하게 말한다.

4) 올바른 전화응대 방법

(1) 전화 거는 방법

- 통화 내용의 용건, 자료를 메모하고 정리한다.
- 통화하기에 적당한 시간, 상황, 장소를 확인한다.
- 상대방이 나오면 자신의 소속과 이름을 말한다.
- 통화 가능 여부를 확인한다.
- 용건은 결론부터 말하고 간결하고 명확하게 통화한다.
- 발음은 정확하게 전문용어나 약자를 사용하지 않는다.
- 끝맺음 인사 후 상대방이 수화기를 내려놓은 후 끊는다.

(2) 전화 받는 방법

- 전화벨이 2~3회 울리면 받는다.
- 본인의 소속과 이름을 밝힌다. "반갑습니다. 영업부 왕 친절입니다."
- 상대방을 확인 후 인사한다.
- 메모를 하며 경청한다.
- 중요한 사항은 요약, 복창한다.
- 용건이 끝난 후 "더 궁금한 사항은 없으십니까?"라고 물어보며 마무리한다.
- 끝맺음 인사 후 상대방이 수화기를 내려놓은 후 끊는다.

5) 상황별 전화응대 방법

(1) 전화를 연결할 때

❶ 찾는 사람이 있을 경우

- 통화할 사람을 확인한다.
- "연결해 드리겠습니다. 만약 전화가 끊어지면 000-0000번으로 걸어 주십시오."
- 전화를 바로 받을 수 없을 경우 상황을 설명한다.

❷ 찾는 사람이 없을 경우

- 부재 중인 사유를 알려준다.
- 용건을 확인하고 메모하여 전달한다.
- 마무리 인사를 한다.

(2) 전화 건 사람을 기다리게 할 때

- 상대방에게 기다림에 대한 양해를 구한다.
- 대기시간을 알려준다.
- 기다려 준 것에 대한 인사를 전한다.

(3) 전화상태가 좋지 않을 때

❶ 상대방의 소리가 작은 경우

- 상대방에게 양해를 구하고 소리를 좀 더 크게 해 줄 것을 부탁한다.
  "죄송하지만 소리가 작아 잘 들리지 않습니다. 큰소리로 말씀해 주시겠습니까?"

❷ 통화가 불가능하거나 거절해야 할 경우

- 정중하게 사과하고 이유를 설명한다.

"죄송하지만 회의 중이라 통화가 어렵습니다. 회의가 끝나면 연락드리겠습니다."

"죄송하지만 출장 중이라 통화가 어렵습니다. 출장 후 돌아오면 연락드리겠습니다."

❸ 전화가 잘못 걸려왔을 경우

- 정중히 잘못 걸려왔음을 밝힌다.

  "죄송하지만 전화를 잘못 거신 것 같습니다. 여기는 ○○회사입니다."

6) 전화응대 실습

- 전화응대 실습은 예시를 보고 정확한 발음과 미소 띤 표정으로 실습한다.
- 2인 1조로 실습하며 전화기를 이용하여 벨소리를 울리며, 한 명은 송신자와 다른 한 명은 수신자로 실습한다.
- 전화응대 실습 후 피드백을 하여 정확한 평가를 한다.

(1) 첫 인사

"친절히 모시겠습니다. ○○회사, ○○팀 왕친절입니다."

"안녕하십니까? ○○회사, ○○팀 왕친절입니다."

(2) 늦게 받았을 경우

"늦게 받아 죄송합니다. ○○회사, ○○팀 왕친절입니다."

"늦게 받아 죄송합니다. 무엇을 도와드릴까요?"

(3) 다른 사람에게 연결할 경우

"잠시만 기다려 주시면 연결해 드리겠습니다."

"연결해 드리겠습니다. 잠시만 기다려주십시오."

(4) 찾는 사람이 부재 중일 경우

"○○부장님이 출장 중입니다. 3일 후에 통화가 가능합니다.
용건을 말씀해 주시면 전해 드리겠습니다."

(5) 잘못 걸려 온 경우

"여기는 ○○회사입니다. 잘 못 걸었습니다.
다시 확인해 걸어주십시오."

(6) 위치를 문의할 경우

- 교통수단(지하철, 버스, 자차) 확인 → 가장 가까운 역과 출구, 정거장 이름 → 거리 명칭 → 이동 중 유명건물 → 자사 위치(약속 장소)
- 출발지 확인, 교통수단 확인, 오는 방법에서 어디까지 알고 있는지에 따라 안내

(7) 끝인사

"감사합니다. 안녕히 계십시오."
"감사합니다. 즐거운 주말 보내십시오."

7) 휴대전화 매너

- 공공장소와 근무시간에는 무음 또는 진동으로 한다.
- 공공장소에서는 목소리를 낮추고 짧게 통화한다.
- 상담, 회의 중에는 무음이나 전원을 끈다.
- 통화 시 상대방에게 통화가 가능한지 물어보고 용건을 말한다.
- 마지막 인사로 마무리한 후 전화를 건 사람이 먼저 끊는다. (상대방이 윗사람일 경우 먼저 끊기를 기다린다.)

생각해 봅시다

1. 직장에서 근무 중 지킬 매너에 대해 설명해 보자.

2. 보고하는 방법에 대해 설명해 보자.

3. 친절한 전화응대 사례와 불친절한 전화응대 사례 경험을 이야기해 보자.

4. 전화응대 3원칙에 대해 설명해 보자.

5. 나만의 전화 첫 인사응대 멘트와 마지막 인사 멘트를 만들어 보자.

Chapter

06

세계 속의 글로벌 매너 I

Chapter 06

세계 속의 글로벌 매너 I

학습목표

- 국제화시대에 다른 나라 문화를 이해하고 존중한다.
- 나라별 에티켓과 매너를 학습한다.
- 세계인의 보디랭귀지를 이해하고 학습한다.

1 이문화의 이해

국제화시대에 세계인으로 살아가려면 다른 나라의 문화를 이해하고 함께하는 자세가 중요하다. 국가단위의 구성인으로 이해와 다른 문화의 전통을 존중하고 시대에 따라 변화되는 것을 받아들이는 자세가 필요하다. 세계화시대에 우리의 전통예절을 지키며 이문화의 매너를 이해하고 상황에 따라 다름을 인식한다.

국제비즈니스에서 다른 나라 문화에 대한 이해도가 낮은 상태에서 자신의 방식으로 교류가 진행된다면 오해로 인한 사업상의 피해로 이어질 수 있다.

외국인과의 교류에서 내가 대한민국을 대표한다는 생각과 나의 행동이 대한민국의 이미지라는 사명감을 갖고 예의 바르고 배려하는 마음가짐으로 대한다.

1) 글로벌 에티켓과 매너

(1) 세계인의 공공질서 에티켓

국제화시대에 세계인으로 공공장소에서 지켜야 할 매너로 다른 사람을 배려할 때 나도 배려 받을 수 있다.

각 나라의 문화권에서 기본이 되는 매너를 이해하고 타인을 존중하며 함께 더불어 살아가는 공공질서를 알아보고 익히도록 하자.

- 거리에서는 다른 사람들의 진로를 방해할 수 있으므로 여러 명이 횡으로 나란히 걷지 않도록 한다.
- 마주 오는 사람과 부딪히지 않도록 주의하고, 부딪히면 가벼운 사과 멘트를 한다.
- 대중교통(지하철, 시내버스) 이용 시에는 음식물을 먹어서는 안 되며, 특히 음료수나 냄새가 나는 음식물은 취식하지 않는다.
- 대중교통 이용 시 큰소리로 휴대폰을 사용하지 않도록 한다.
- 순서를 기다릴 때는 한줄서기를 하고, 자기 차례가 되면 이용한다.
- 동성끼리 손을 잡는 것은 외국인의 시각에서는 동성애자로 오해받을 수도 있으므로 주의한다.

(2) 레이디 퍼스트

레이디 퍼스트는 서양의 매너로 기사도 정신에서 유래되었으며 남성이 여성을 보호하기 위한 배려로 국제적인 기본 매너가 되었다. 과거 우리의 유교사상에는 남성이 우선이었으나 현재는 여성에 대한 배려로 바뀌고 있다.

- 여성과 차를 탈 때는 여성이 먼저 탄다.
- 하차 시에는 남성이 먼저 내려 차문을 열어 준다.

- 여성이 앉을 때에 의자를 당겨 편하게 앉을 수 있도록 한다.
- 함께 있는 여성이 커다란 짐을 들고 있으면 남성이 들어 준다.
- 버스나 지하철에서는 노약자나 여성에게 자리를 양보한다.

(3) 예약 문화

- 예약은 모든 분야에서 보편화되고 있으며 선진국일수록 예약은 필수이다.
- 예약 후 취소하지 않고 나타나지 않는 고객(No show)은 기업에 큰 손해를 입힌다.
- 예약이 필요 없을 경우 바로 취소하여 필요한 사람이 이용할 수 있게 한다.
- 노쇼 방지를 위해 항공사나 호텔 등에서는 선 결제나 위약금 제도를 도입해 예약 부도율을 줄이고 있다.

(4) 팁(To Insure Promptness) 문화

외국방문 시 우리에게 익숙하지 않은 팁을 언제 주어야 하는지? 얼마를 주어야 하는지? 어떻게 주어야 하는지? 당황한 경험이 있다.

> **Tip (To Insure Promptness : 신속함을 보장 받기 위해)**
>
> 팁은 신속한 서비스를 받기 위해 고객들이 종업원에게 주기 시작하였으며 현재는 팁문화가 정착된 나라도 많다. 팁은 종업원 보수의 일부분이며, 서비스에 대한 감사의 표시이며, 그 나라의 문화라고 이해하자.

- **택시** : 요금의 10~15% 지불한다.
- **레스토랑** : 식사 금액의 10~20%를 지불하며, 계산서에 service charge가 포함된 경우는 별도의 팁을 주지 않아도 된다.
- **호텔** : 벨보이에게 가방의 크기, 무게에 따라 개당 1~5달러의 팁을 지불한다. 객실 미화원에게는 1~5달러를 베개 밑에 넣어 둔다.

(5) 화장실 에티켓

- 화장실에서는 노크를 하여 다른 사람의 사용 여부를 확인 후 이용한다.
- 화장실을 사용 중인 경우 한 줄로 서서 기다린다.
- 사용한 휴지는 변기 안에 버려 청결을 유지한다.
- 화장실 이용 후에는 반드시 물을 내린다.
- 화장실은 깨끗이 이용하고 낙서 등은 하지 않는다.

2 각 나라별 세계인의 에티켓과 매너

1) 미국

- 칭찬문화

미국 문화권에서는 칭찬이 생활화되어 있다. 미국인들에게 인상 깊었던 것은 눈이 마주치면 미소와 함께 인사하고 상대방을 기분 좋게 하는 칭찬이었다. 칭찬에 인색한 우리는 칭찬을 하는 것도 힘들고 칭찬을 받는 일도 어색하고 거북할 수 있다. 생활 속에서 자연스러운 칭찬을 해 보자.

● 시간관리

미국에서는 '시간이 돈이다'라는 생각을 가지고 시간을 중요시 하며, '비즈니스에서 미국인은 이득이 없으면 일을 하지 않는다'는 말이 있다. 이처럼 시간관념이 철저하며 합리성을 강조하는 나라이다. 상대방과의 약속, 스케줄 관리는 중요한 의미를 갖는다. 회의, 약속에 늦거나 회신이 늦으면 자신을 대수롭지 않게 여기고 있다고 이해할 수 있다. 행동은 신중하게 하고 시간약속은 소중히 생각하고 정확히 지킨다.

● 자주 사용하는 언어

- 미국인과 대화에서 자주 사용하는 말로 상대방에 대한 작은 배려의 말로 쓰인다.
- "Thank you." 작은 일에도 감사의 인사를 반드시 한다.
- "Please." 부탁을 할 때 반드시 사용한다.
- "Excuse me." 실례합니다. 지나가다 살짝 부딪혀도 사용하는 말이다.

● 다른 사람과 이야기 도중에 끼어들지 않는다

미국인들은 대화 중에 상대방의 이야기를 끝까지 듣고 본인의 이야기를 시작한다. 상대방의 이야기가 끝나지 않은 상황에서 본인의 말을 하는 것은 무례한 행동으로 생각한다.

● 운전 시 매너

미국은 차보다 사람을 우선시하는 문화이며, 보행자에 대한 안전을 중요시하여 운전 시 보행자에게 양보한다. 도로에서 'STOP' 사인이 있으면 반드시 정지한다. 신호등이 없는 도로에서는 먼저 온 운전자가 먼저 진행한다. 속도가 표시된 도로에서는 반드시 지켜 속도위반을 하지 않는다.

스쿨버스의 'STOP' 표시판은 학생들이 승하차 시 안전을 위해 주변의 차량이 정차해야 한다. 'STOP' 표시판이 있는 상태에서 스쿨버스를 추월하거나 움직이는 차량은 교통위반으로 벌금이 부과된다.

- 개인적인 질문은 삼간다

미국인과 대화 시 결혼 여부, 자녀, 연봉, 정치적 의견, 종교, 나이, 신체 크기(키, 몸무게) 등 개인적인 질문은 삼간다.

- 시선처리

미국인과 악수 시에는 눈을 바라보며 미소를 지어야 한다. 눈을 마주치지 않으면 거짓, 불성실로 오해 받을 수 있다. 눈을 바라보는 대화는 관심, 존경, 정직을 나타내며 이야기에 귀를 기울이고 있다는 표현이다.

- 선물 매너

선물은 받고 기뻐하며 선물을 받은 자리에서 뜯어본다. 선물에 대한 감사의 인사를 하는 것이 예의이다.

- 사무실에서는 구두착용

미국인은 편한 신발을 신고 출근하여 사무실에서 구두로 갈아 신고 근무한다.
우리나라는 사무실에서 일하는 동안 편안한 업무 환경을 위해 구두를 벗고 슬리퍼를 신고 근무하는 것과는 반대이다.

- 연장자의 이름을 부른다

미국인은 나이가 많은 연장자도 친숙하게 이름을 부른다. 직함, 존칭보다는 이름을 부르며 서로 신뢰하고 협조하는 관계를 형성하고 유지한다.

2) 캐나다

세계에서 두 번째로 큰 나라로 자유롭고 관대한 나라이다. 종교가 다른 사람의 전통관습을 이해하려 하며 예의 바르고 존경의 마음을 가지고 있다. 인종차별이 없고 친절하다. 캐나다와 미국의 매너, 에티켓이 비슷한 경우가 많다.

인사

- 캐나다인들은 처음 소개 받았을 때 남성과 여성 모두 악수를 주로 한다.
- 잘 아는 사이에는 반갑게 포옹으로 인사를 한다.

선물 매너

캐나다인은 기쁜 일이나 축하할 일에 선물을 한다. 파티에 초대되면 파티 목적에 어울리는 선물을 준비해 간다.

● 연장자의 이름을 부른다

캐나다인은 미국과 마찬가지로 나이가 많은 연장자도 친숙하게 이름을 부른다. 직함, 존칭보다는 이름을 부르며 서로 신뢰하고 협조하는 관계를 형성하고 유지한다.

● 방문 매너

캐나다인은 집에 들어갈 때 신발을 신고 들어가는 것이 통상적으로 집 현관 앞에 매트가 놓여 있다. 신발을 신은 채로 매트에 문질러서 닦은 후에 집 안으로 들어간다. 신발을 벗고 들어가는 경우도 있으므로 주인에게 물어본다.

3) 영국

신사의 나라 영국인들은 매너를 중시하고 예의를 갖추는 만큼 상대방에게 기대하는 매너 수준도 상당히 높다.

영국은 현재에도 왕족과 왕실이 유지되며 귀족문화를 중요시 여기는 나라이다.

인사

- 영국의 인사는 악수를 하며 가벼운 인사말(날씨, 짧은 담소, 간단한 코멘트 등)을 하며 손에 힘을 덜 주는 악수를 한다.
- 여성과는 주로 유럽식 인사(양어깨를 가볍게 감싸고 양쪽 빰을 번갈아 대며 가벼운 입술 음을 내는 인사)나 가벼운 인사를 한다.
- 영국인은 처음 만남에서 직접 인사를 하는 것보다 제3자에게 소개를 받는 것을 좋게 생각한다.

시간관리

- 영국인은 시간을 귀중한 자원으로 생각하며 엄격한 시간관리와 약속 이행을 중요시 한다.
- 비즈니스에서 미팅시간은 오전 11시~오후 4시 사이에 약속을 정하고 약속시각을 정확히 지킨다.

비즈니스 복장

- 영국인은 미팅 시 복장을 매우 중요하게 생각한다. 정장은 검은색, 감색, 회색을 주로 착용하며 전통적인 가는 세로줄 무늬를 입기도 한다.
- 공식적인 모임, 사교 모임, 파티에서는 드레스 코드에 대해 기본적인 문의를 하고 참석하는 것이 좋다.

선물 매너

- 영국인은 일반적으로 비즈니스에서는 선물을 주고받지 않는다.
- 그러나 성공적인 계약이 이루어지면 계약을 기념하여 기념품에 기념 문구를 넣어 선물한다(금, 은, 도자기, 팬, 책, 샴페인, 와인 등).
- 선물을 받았을 경우 감사의 카드를 보내는 것이 예의이다.

● 차 문화

- 영국인의 차사랑 문화는 세계적으로 알려져 있다. 영국에서 소비되는 차는 연간 600억 잔이다. 하루 중 '티타임'을 즐기는 일은 매우 일반적이다.

귀족문화 중의 '애프터눈 티(Afternoon tea)'를 즐긴다.

'애프터눈 티'는 영국사회에서 사교의 시간으로 널리 이용되며, 현재는 애프터눈 티타임에서 친분을 쌓고 비즈니스에 큰 도움을 주고 있다.

'애프터눈 티'의 유래

애프터눈 티는 원래 영국 상류층 문화다. 유래는 19세기 영국으로 거슬러 올라간다. 『홍차 이야기』의 정은희 작가에 따르면 베드포드 가문 7대 공작부인이었던 안나 마리아(1788~1861)가 점심과 저녁식사 사이에 하녀에게 다기 세트와 빵, 버터를 쟁반에 담아 방으로 가져오게 한 데서 애프터눈 티가 시작됐다고 한다. 안나 마리아는 작은 샌드위치와 스콘, 비스킷 등을 곁들여 홍차를 마셨고 저택을 방문한 손님들과 함께 이를 즐겼다. 오후 티타임은 곧 상류사회 부인들 사이에서 유행됐고 이후 영국인의 사교 행사로 뿌리 내렸다

〈신문기사 발췌 – 중앙일보, 2017.6.27.〉

4) 프랑스

프랑스는 남성과 여성은 동등하다는 의식이 강하며, 여성의 사회참여가 활발하다.

프랑스인들은 패션에 관심이 많으며 상황에 맞는 복장을 하고 다양한 개성을 존중하며 옷을 잘 입는다.

프랑스어에 대한 자부심이 강하며 영어를 사용하는 것보다 발음이 안 좋아도 프랑스어를 사용하면 호감을 갖고 호의를 베푼다.

인구의 90% 이상이 카톨릭 신자이며 다른 종교를 믿는 것을 존중하고 동물애호가가 많으며 개고기를 먹는 것이 금지되어 있다.

보수성이 강하고 개인주의 성향의 프랑스인은 자유를 구속하는 것을 싫어한다.

인사

프랑스인들은 인사를 악수로 하며 손을 잡고 약간 흔드는 정도이다. 너무 심하게 흔드는 것은 예의에 어긋난다. 친한 사람이나 어린이에게는 서로 뺨을 맞대고 인사한다.

방문 예절

- 초대를 받은 경우 참석 여부를 반드시 통보해 주고 간단한 선물로 감사를 표시한다.
- 프랑스 집에 초대되어 갈 때는 약속시각보다 일찍 가지 않는다. 제시간에 가거나 약속시각보다 10분 정도 늦게 간다.
- 프랑스인들은 선물로 장미나 국화를 가져가면 좋아한다.
- 식당 등 공공장소에서 큰소리로 말하지 않는다.

결혼

- 프랑스의 결혼식은 대부분 성당에서 간소하게 진행된다.
- 프랑스인들은 결혼하지 않고 동거하는 것에 부정적이지 않으며 동거하는 비율이 높다.
- 개인적인 질문은 하지 않는다.

5) 일본

가깝고도 먼 나라 일본은 지리적으로 가까운 곳에 위치하여 같은 문화권에 있지만 역사적인 문제로 많은 갈등을 겪고 있다. 일본은 섬나라로 독특한 생활문화가 발달되었다. 일본인은 다른 사람에게 친절하며 남에게 폐를 끼치지 않도록 예절교육을 받고 있다.

● 인사

- 일본인은 인사할 때는 밝은 미소와 친절하고 밝은 목소리로 인사한다.
- 허리를 굽히는 정도는 상대와 비슷하게 하며 상대방보다 허리를 먼저 펴면 실례이다.
- 헤어질 때는 한 번만 절을 하지 않고 여러 번 절을 한다.

● 선물 매너

- 남의 집을 방문할 때 반드시 작은 선물이라도 준비해야 하며, 빈손으로 방문하는 것은 실례이다.
- 선물을 전할 때는 직접 전달하며 선물이 식품이라면 먹는 방법, 사용방법을 자세히 알려주는 것이 당연한 예의라고 생각한다.

- 비즈니스관계에서 고가의 선물은 부담을 줄 수 있으므로 한국산 김, 김치, 과자, 건강식품, 기념품 등을 선물한다.
- 일본인에게 손수건(절교의 의미), 칼(단절, 자살의 의미) 등은 선물하지 않으며, 선물 개수는 4개, 9개는 피한다(4개는 불행을 가져온다고 믿는다).
- 선물을 받았을 때는 손님이 돌아갈 때까지 선물을 뜯어보지 않는다. 선물을 받게 되면 반드시 보답 선물을 한다.

시간관리

일본인은 시간약속을 중요시하므로 약속시각 10분 전에 약속장소에 도착해야 하며, 너무 일찍 도착하는 것은 결례이다. 약속시각에 늦는다는 것은 신뢰감을 떨어뜨리게 한다. 부득이하게 늦을 때는 전화로 사정을 이야기하고 양해를 구한다.

언어의 배려문화

- 일본인들은 'NO'라는 직접적인 표현을 하지 않으며 직설적으로 이야기하지 않아 애매하고 혼란스러운 경우도 있지만 상대를 배려하는 언어표현을 사용한다.
- 일본인과 대화를 할 때는 맞장구를 치는 표현을 자주하므로 대화 중간 중간에 '정말요? 그렇군요. 맞아요.' 등을 많이 사용한다.
- 식당, 지하철 등 공공장소에서는 작은 소리로 대화한다.
- 서비스를 받은 후에 팁은 주지 않으며 '감사합니다'의 일본어 '아리가또 고자이마스'라고 인사하면 직원들이 좋아한다.

6) 중국

중국인들은 남녀평등의식이 강하고 나이 차이가 많이 나도 친구가 가능하며 권위의식이 약하다. 중국은 꽌시(关系, 관계)를 중시하는 56개 민족의 다양한 민족과 넓은 지역, 많은 인구가 함께 거주하는 특성 때문에 일부 중국인들은 새로운 상대방에 대한 의심이 매우 많다. 따라서 지연, 학연 등 각종 이해관계에 얽힌 꽌시를 중요하게 생각한다.

문화민족으로서의 자부심이 강하며 자존심이 매우 강하고 체면을 중시한다.

하지만, 질서의식은 부족하며 차도에서 무단 횡단하는 사람이 많으며 공공장소에서 줄서기에 끼어드는 사람도 많다.

● 선물 매너

- 초대를 받았을 때는 약속시각보다 조금 일찍 가고 모르는 사람이라도 반갑게 인사한다.
- 초대를 받거나 미팅 시는 선물을 준비하며 홍삼, 인삼, 한국 특산물, 손목시계, 넥타이핀, 쵸코렛, 쿠키 등이 무난하다.
- 괘종시계(죽음을 의미), 시계(끝난다의 의미), 우산(헤어지다의 의미), 거북이(욕을 상징)는 선물하지 않으며 선물포장은 붉은색(길하다는 의미)이나 황색(숭고함을 의미)을 사용한다.

- 음주 문화
  - 중요한 이야기는 술자리에서 많이 하므로 술에 취하는 것은 좋지 않다. 술자리를 통해 인간관계가 만들어지므로 과음으로 술주정은 무례하게 인식된다.
  - 술잔이 비기 전에 첨잔을 하며 술을 권할 때는 '깐베이(干杯)'라고 말하며 건배 제의를 한다.
  - 건배는 중간에 술잔을 내려놓으면 실례가 되므로 술이 약한 사람은 음주 전에 양해를 구한다.
- 중국인은 짝수를 선호하며 특히 숫자 8을 매우 좋아한다. 숫자 8의 발음이 '재산이 발전하다'로 돈을 많이 번다는 의미에서 왔다.

- 차 예절
  - 상대방의 찻잔의 반 정도 따르며 잔이 빌 경우 계속 따라 주는 것이 예의이다.
  - 차를 마실 때 소리를 내지 않으며 대화를 나눌 때는 마시지 않는다.
  - 차가 뜨거울 경우 불지 않고 다른 찻잔에 따르지 않는다.

7) 베트남

베트남은 자존심이 세고 자부심이 강한 나라이며 주변국가에 비해 유교사상의 영향을 많이 받은 나라이다. 상대에게 나이를 잘 물어 보는데 나이로 친밀감을 형성하기 위해서이다.

베트남 사람들은 예의를 중시하며 직설적으로 '안 돼'라는 말은 예의에 어긋난다고 생각하며, 제의를 거절하는 부정적인 의미와 상호관계를 안 좋게 만드는 언어라고 생각한다.

미안할 때는 미안하다는 말 대신 머쩍어 하며 웃으며 머리를 긁는 행동으로 미안함을 나타낸다.

베트남 사람들이 싫어하는 숫자는 '3'과 '5'로 결혼, 이사를 할 때와 중요한 일정을 정할 때는 '3'과 '5'가 들어가는 날은 피한다.

좋아하는 숫자는 '9'로 완벽한, 영원한 의미이다. 베트남 사람들과 좋은 관계를 유지하려면 '9'가 들어 간 날에 약속을 한다.

인사

- 악수는 주로 동성과하며 왼손을 오른쪽 손을 감싸며 두 손으로 악수를 한다.
- 여성이 먼저 악수를 청하면 한다. 여성이 악수를 청하지 않으면 가볍게 고개만 숙인다.
- 시간과 상대 구분 없이 '신짜오'라 한다.

선물 매너

- 베트남 가정에 초대를 받은 경우에는 과자, 과일 등 그들이 좋아하는 것을 선물한다.
- 검은색의 물건, 손수건, 노란색 꽃, 국화는 선물하지 않는다.

호칭 예절

- 베트남에서는 사회적 지위나 연령에 따라 존칭을 사용한다.
- 존칭에 어려움을 느끼면 'Mr. ○○', 'Ms. ○○'으로 부르는 것도 좋다.
- 베트남 사람들의 이름은 '성-중간이름-이름'으로 이루어져 있다.

- 음주 문화
  - 베트남 사람들은 반주를 즐기며 상대방이 술을 마실 때마다 술을 따라 줘 술잔은 항상 술이 차 있는 상태를 유지하도록 한다.
  - 맥주를 마실 때는 개인 잔 옆에 각자 한 병씩 놓고 잔에 얼음을 넣어 맥주를 직접 따라 마신다.

3 세계인의 보디랭귀지

1) 공통으로 사용하는 보디랭귀지

- 어깨 으쓱하기 : 대화 중 상대방의 말을 이해 못하겠다는 의미로 손바닥을 펴고 양 어깨를 위로 올린다.
- 팔짱끼기 : 상대방을 방어하는 자세로 팔짱을 끼고 있다면 당신의 의견에 동의하지 않는 의미와 무관심의 의미이다.
- 엄지손가락을 올리는 자세 : 대부분의 국가에서 좋다는 의미로 통용된다.
- 허리에 손 올리는 자세 : 상대방을 기선제압할 경우와 권위적, 지배적 의미이다.
- 포옹하기 : 상대에게 반가움과 표현하는 의미이다.

2) 나라마다 다른 의미로 사용되는 보디랭귀지

보디랭귀지	국가	의미
머리 긁기	서양	가려움, 비듬
	동양	잘 모르겠다, 창피, 무안
고개 끄덕이기	그리스, 불가리아	NO
	기타 국가	YES
고개 옆으로 흔들기	네팔	YES
	기타 국가	NO
귀 움직이기	인도	칭찬
	브라질	NO
입 가리기	서양	거짓말
	동양	수줍음
손가락 교차하기	유럽	경멸
	브라질	행운
가운데 손가락 올리기	모든 나라	외설
손바닥을 옆으로 흔들기	유럽	NO
	모든 나라	헤어질 때
손가락으로 V	손바닥이 상대방을 향할 경우	승리
	손등이 상대를 향할 경우	경멸, 외설
손가락으로 동그라미 만들기	한국, 일본	돈
	영어권	OK, 칭찬, 격려, 동의
	프랑스	없다, 제로
	터키, 중동, 러시아	동성연애

생각해 봅시다

1. 글로벌시대에 우리가 지켜야 할 국제적인 에티켓을 설명해 보자.

2. 미국문화권의 문화와 매너에 대해 설명해 보자.

3. 외국인과의 문화적 차이를 경험한 사례를 이야기해 보자.

MEMO

가슴 뛰는 일을 하라.

가슴 뛰는 일을 하라. 그것이 최고의 명상이다.

신이 당신 자신에게 주는 메시지는 가슴 뛰는 일을 통해서 온다.

가슴 뛰는 일을 할 때 당신은 최고의 능력을 펼칠 수 있고, 가장 창조적이며, 가장 멋진 삶을 살 수 있다. 그것이 당신이 이 세상에 온 목적이다.

당신은 바로 가슴 뛰는 일을 하기 위해 이곳에 태어났다.

남의 삶을 베끼며 살려 하지 말고, 지금 이 순간 당신을 가슴 뛰게 하는 일을 하라.

그때 우주는 전적으로 당신을 도와 줄 것이다.

– 다릴 앙카(류시화 옮김. 1990) '가슴 뛰는 삶을 살아라.' 나무 심는 사람

Chapter

07

세계 속의 글로벌 매너 II

Chapter

07 세계 속의 글로벌 매너 II

학습목표

- 테이블 매너의 중요성을 이해한다.
- 상석의 개념을 이해하고 상석의 위치를 익힌다.
- 스테이크 굽는 정도 5단계를 이해한다.
- 해외여행에 필요한 서류를 알고 여행에 필요한 정보를 학습한다.

1 테이블 매너

1) 식사 전 에티켓

(1) 예약

사교와 접대를 목적으로 식당에 갈 때는 즐거운 식사를 위해 반드시 예약한다.

예약을 하면 식당에서는 고객 수와 식재료를 준비하여 정성스러운 식사와 좋은 서비스를 제공할 수 있다.

주로 전화예약을 하며, 방문예약, 이메일예약, 팩스예약의 방법이 있다.

대규모의 행사, 참석 인원이 많을 때는 이메일이나 팩스로 인원, 행사 내용에 맞는 테이블의 배치도, 좌석의 위치, 모양, 수 등을 미리 알리고 확인한다.

❶ 예약 사항

- 예약자 이름, 예약일, 시간, 참석인원, 연락처
- 주문할 메뉴, 필요한 물품
- 모임의 성격, 모임의 목적
- 예약은 7~10일 전에 한다.
- 예약 취소는 2~3일 전에 하며 최소한 하루 전에는 반드시 연락한다.

예 약

이름: 홍길동 실장님
예약일: 2019년 10월 1일
전화번호: 010-××××-××××
날짜: 2019년 10월 12일
시간: 12시
좌석: 창가, 조용한 좌석
인원: 6명
변경 사항:

❷ 예약 시 확인사항

- 주차시설
- 모임의 성격과 식당 분위기와 메뉴
- 청결과 위생
- 서비스와 친절도

(2) 레스토랑 도착 시

- 이름과 예약 사항을 확인한다.
- 코트, 소지품을 보관소에 맡긴다.
- 착석 전에 화장실에 미리 가서 거울을 보고 외모를 점검하고 청결을 위해 손을 씻는다.
- 지배인이나 웨이터가 자리를 안내해 줄 때까지 기다린다.

(3) 식사 시 올바른 착석

- 의자 깊숙이 앉으며 의자에 등을 기대지 않고 상체를 꼿꼿이 세운다.
- 식탁과 의자 사이는 주먹 2개의 간격으로 의자 깊숙이 앉는다.
- 머리를 긁거나 턱을 괴지 않는다.
- 팔꿈치를 식탁 위에 올리지 않는다.
- 손동작은 과하게 하지 않는다.
- 다리를 많이 벌리지 않는다.
- 다리를 꼬거나 구부정하게 앉지 않는다.
- 상대방의 다리가 닿을 정도로 뻗지 않도록 한다.
- 여성의 경우 핸드백은 등 뒤, 빈자리에 둔다. 가방이 크면 발 옆쪽에 둔다.
- 식탁에서 휴대폰, 신문, 잡지 등을 보지 않는다.

(4) 상석의 개념

- 종업원이 제일 먼저 의자를 빼주는 자리가 상석이며, 그 자리는 주빈이 앉도록 배려한다.
    - 경치를 바라볼 수 있는 자리
    - 창가 쪽 자리
    - 벽을 등지고 앉는 자리
    - 입구에서 먼 자리

(5) 식사 주문

- 자리에 앉자마자 주문하지 말고 메뉴를 천천히 읽어 본 후 주문한다.
- 메뉴의 내용을 잘 모를 때는 직원에게 물어보면 친절히 설명해 준다.
- 직원을 부를 때는 호출버튼을 누르고 기다린다.
- 호출버튼이 없는 경우 직원과 시선을 맞춘 후 손을 든다.
- 다른 테이블의 음식을 손으로 가리키는 것은 피하고 직원에게 음식의 이름을 물어본다.
- 주문은 함께 온 일행과 같이 한다.
- 초대 받은 경우는 주문 시 초대한 사람과 음식가격이 비슷한 음식으로 한다.
- 음식을 주문하는 순서는 여성–남성, 연령순으로 한다.
- 와인 주문은 주문한 음식과 어울리는 것으로 하며, 소믈리에가 있는 경우 추천을 받아 주문한다.

2) 식사 중 에티켓

(1) 식사 에티켓과 대화 시 주의사항

- 식사가 시작되면 테이블 위의 냅킨을 가져와 무릎 위에 편다. 식사 중 잠시 자리를 비울 경우에 냅킨을 접어 의자 위에 두면 식사 중이라는 의미이며, 식사가 끝났을 때는 냅킨을 식탁 위에 올려둔다.
- 테이블 위에 팔꿈치를 올려놓지 않으며 바른 자세로 앉는다.
- 식사 중 음식물 먹는 소리가 나지 않도록 입을 다물고 씹는다.

- 음식이 입안에 있을 때 음료나 다른 요리를 먹지 않는다.
- 대화를 위해 음식은 조금씩 먹고 자연스러운 대화를 한다.
- 멀리 앉은 사람과 큰소리로 이야기하지 않는다.
- 대화는 즐거운 이야기를 하며 날씨, 스포츠, 시사, 문화, 여행, 음악, 취미 등을 대화 소재로 한다.
- 상대가 질문을 하면 포크, 나이프를 잠시 내려놓고 말을 한다.
- 음식물이 입에 있는 상태에서 말을 하지 않는다.
- 식사 속도는 일행과 비슷하게 맞추며, 먼저 식사가 끝났다고 일어나지 않는다.
- 식사 중 포크나 나이프를 떨어뜨렸을 때는 직접 줍지 않고 직원에게 새것을 부탁한다.

(2) 메뉴 주문하기

레스토랑 메뉴는 타블 도트(Table d'hote, 정식 메뉴)와 알 라 카르트(A'la carte, 일품요리)가 있다.

❶ 타블 도트(Table d'hote)

음식의 코스와 가격이 정해진 것으로 정식 풀코스라 부르는 것이다. 다양한 맛을 경제적인 가격으로 즐길 수 있다. 보통 음식의 순서는 '전채요리 → 수프 → 샐러드 → 생선요리 → 고기요리 → 디저트→ 차와 커피'가 제공된다.

❷ 알 라 카르트(A'la carte)

풀코스 메뉴 중 원하는 것을 먹을 수 있다. '전채요리 또는 수프 → 샐러드 → 생선 또는 고기 요리 → 디저트 → 차 또는 커피' 순으로 시킨다. 때에 따라서 '수프 → 고기 → 차와 커피'로 간단하게 주문하는 방법도 있다.

DOSAI

PLATS RÔTIS À LA CEYLONTA

PLATS SAUTÉS

RIZ FRIT

(3) 양식 도구 사용방법

- 중앙의 접시를 기준으로 포크는 왼쪽, 나이프는 오른쪽에 놓이며, 양식을 먹을 때는 코스별로 각각 다른 포크와 나이프를 사용하고, 바깥쪽에 놓인 것부터 순서대로 사용한다.
- 나이프의 칼날은 나를 향하게 하고 나이프로 음식을 먹지 않는다.
- 샐러드, 생선을 먹을 때는 포크만 사용해도 된다.

- 식사 중에는 포크와 나이프를 팔(八)자로 놓는다.
- 식사가 끝난 후에는 접시 오른쪽에 나이프와 포크를 나란히 모아 두며 포크는 끝이 위를 보게 한다.

식사 중입니다.　　　식사가 끝났습니다.

출처 : https://blog.naver.com/restr_njoy/150158791003

(4) 식사 순서

❶ 전채요리 Appetizer

주 요리의 입맛을 좋게 하기 위해 간단히 먹는 요리로 식욕을 돋우고 위액과 침샘의 분비를 촉진시킨다. 신맛과 짠맛으로 양이 많지 않으며 주 요리와 어울리게 주문한다.

(1-1) 차가운 전채요리

- **캐비아(Caviar)** : 철갑상어 알로 비타민, 단백질이 풍부하며 지방이 적은 건강식품으로 널리 알려졌다. 캐비아는 러시아산이 유명하며 이란의 카스피해 연안산이 최상품이다.

  다진양파, 사우어크림, 파슬리에 레몬즙을 뿌려 크래커, 구운 토스트와 함께 먹는다.
- **푸아그라(Foie gras)** : 푸아그라는 '살찐 간', '지방간'이라는 뜻이며, 프랑스의 알자스지방의 푸아그라가 유명하다. 지방 함량이 높아서 맛이 풍부하고 매우 부드러우며 단백

질, 비타민 등이 풍부하다. 거대한 간을 얻기 위해 잔인하게 거위를 사육하는 방법이 비난을 받기도 했다.

- **생굴(Oyster)** : 생굴은 보통 껍질 채로 서비스되며 생굴 위에 레몬을 뿌려 생굴용 전용포크를 사용하여 먹으며 바다향이 일품이다.
- **카나페(Canape)** : 크래커나 작은 식빵 위에 치즈, 연어, 햄, 과일 등을 한꺼번에 올려놓은 오픈샌드위치이다. 손으로 먹는 카나페는 집어 먹기 편하게 작고 모양과 색감이 아름다워야 한다.
- **새우 칵테일(Shrimp Cocktail)** : 새우 칵테일은 칵테일잔에 새우, 채소, 소스로 구성된 차가운 전채요리이다.

(1-2) 따뜻한 전채요리

- **에스카르고(Escargot)** : 프랑스의 대표적인 요리로 식용 달팽이 요리는 전용집게와 포크를 이용하여 살을 꺼내먹는다. 껍질에 남아 있는 소스는 빵에 찍어 먹기도 한다.
- **라비올리(Ravioli)** : 이탈리아식 만두 요리로 파스타 반죽에 고기, 생선, 치즈 등 다양한 재료를 넣어 만든다.

❷ 수프 Soup

- **포타주(Potage Lie, 진하고 걸쭉한 수프)** : 감자, 옥수수 등이 들어간 크림수프, 야채수프로 담백한 요리에 어울린다.
- **콘소메(Consomme, 맑은 수프)** : 닭고기, 소고기, 생선 등을 푹 삶은 국물로 만든 수프로 맛이 진한 주 요리를 먹기 전에 먹으며 정식 풀코스 수프로 적합하다.
- 수프를 먹을 때는 소리를 내지 않는다.
- 미국식은 앞에서 바깥쪽으로, 유럽식은 바깥쪽에서 앞쪽으로 스푼을 사용한다.
- 수프가 뜨거우면 스푼으로 저어 식히고 먹는다.

❸ 빵 Bread

- 빵이 테이블 위에 처음부터 놓인 경우가 있고, 보통은 수프를 먹은 후에 나온다.
- 테이블 왼쪽의 빵이 나의 빵이다.
- 빵을 먹으면 입안에 남아 있는 음식 맛을 깨끗하게 해서 미각을 살려준다.
- 빵은 요리와 함께 먹기 시작해서 디저트 전까지 먹는다.
- 빵은 한입 크기로 잘라 잼이나 버터를 발라 먹으며, 포크나 나이프를 사용해서 먹지 않는다.

❹ 샐러드 Salad

- 샐러드는 고기요리와 함께 먹는 채소로 드레싱과 함께 제공된다.
- 미국에서는 주 요리 전에 샐러드가 제공되며, 유럽에서는 주 요리를 먹은 후에 먹는다.
- 샐러드를 일품요리로 많은 양을 먹을 때는 사우전드 아일랜드 드레싱을 사용한다.

❺ 생선요리

- 생선요리는 뒤집지 말고 나이프로 뼈와 아래쪽 생선 살 사이에 넣어 뼈를 바른다.
- 가시를 먹었을 때는 왼손으로 입을 가리고 오른손으로 가시를 빼내거나 포크로 받아내 접시 한쪽에 놓는다.
- 생선요리는 살이 부드러우므로 포크만 사용해도 된다.
- 연어는 토막으로 나오므로 껍데기를 포크에 말아 떼어낸 후에 먹는다.

- 새우요리는 포크로 머리 부분을 고정시킨 뒤 나이프를 살과 껍데기 사이에 넣어 꼬리 쪽으로 움직인다. 양쪽으로 반복하면 껍데기가 쉽게 벗겨진다. 핑거볼이 있을 때는 손으로 발라 먹은 뒤 핑거볼 안에 손가락만 담갔다가 냅킨으로 닦아낸다.
- 바닷가재는 주문할 때 껍데기를 벗겨 달라고 요구한다.

⑥ 육류요리

(6-1) 스테이크의 굽는 정도

스테이크를 굽는 정도에 따라 식감과 맛이 달라지며, 살짝 구울수록 육즙이 많아 고기의 참맛을 즐길 수 있다.

- **레어(rare·약간 구운)** : 표면만 구워 중간은 붉은색 날고기 상태
- **미디엄 레어(midium rare·좀 더 구운)** : 중심부에 분홍색과 붉은 색이 섞여 있는 상태
- **미디엄(midium·중간 정도 구운)** : 중심부가 모두 분홍색 상태
- **미디엄 웰던(midium well done·중간보다 더 구운 것)** : 표면과 중심부가 거의 구워진 상태
- **웰던(well done·완전히 구운)** : 표면은 물론 중심부까지 충분히 구워져 갈색을 띤 상태

(6-2) 육류요리 먹는 방법

- **스테이크** : 나이프로 먹기 좋은 크기로 잘라가며 먹는다.
  접시 바깥쪽에서 안쪽으로 스테이크의 결에 따라 세로 방향에 맞춰 자른다. 육류용 나이프는 앞부분이 톱니로 되어 있으므로 힘을 주는 것보다 앞쪽으로 당기듯 부드럽게 움직여야 잘 썰어진다.
  소스가 나오면 함께 먹고, 스테이크의 맛을 본 후 취향에 따라 소금이나 후추를 넣는다.
- **닭고기** : 포크와 나이프를 이용해 적당한 크기로 자른 뒤 손으로 들고 뜯어 먹어도 괜찮다.

격식을 갖춘 만찬에서는 손으로 집어서는 안 된다.

- **양고기** : 꼬치에 꿴 양고기는 포크로 고기를 고정한 후 꼬치를 빼고 나이프와 포크로 잘라 먹는다.
  뼈 끝부분에 감긴 종이를 왼손으로 잡고 오른손으로 살코기를 발라낸다.
  뼈를 모두 발라내고 가운데 부분을 잘라 포크로 살코기만 뜯어먹는다.

❼ 디저트

(7-1) 과일류

- 수분이 많은 과일은 스푼으로 떠먹는다. 칼질해서 나온 경우에는 포크만 사용한다.
- 수분이 적은 과일은 나이프와 포크를 사용한다.
- 바나나는 나이프와 포크로 껍데기를 모두 벗긴 뒤 썰어 포크로 먹는다.
- 포도는 한 알씩 따서 먹고 껍데기와 씨는 접시 가장자리에 두고 씨 없는 포도는 껍질채로 먹는다.

(7-2) 과자류

- 디저트용 과자를 영어로는 스위트(Sweet), 프랑스어로는 앙트르메(Entremets)라고 한다.
- 소프트 케이크, 파이는 포크나 스푼 중 하나만 사용한다.
- 무스나 푸딩은 스푼으로 떠먹는다.
- 슈크림은 손으로 먹는다.

❽ 차와 커피

- 잔의 손잡이는 엄지와 검지로 가볍게 쥔다.
- 식탁에서 받침 접시를 들어 올리는 것도 예의에 어긋난다.

- 홍차는 조금 진하고 뜨겁게 마신다.
- 홍차에 기호에 따라 설탕, 레몬 조각 또는 따뜻한 우유를 넣어 마신다.
- 홍차 또는 녹차의 티백은 물이 흐름에 주의하여 찻잔의 뒤쪽에 가로로 놓는다.
- 식후 커피는 진한 것을 마셔 입안을 개운하게 한다.
- 커피는 기호에 따라 설탕과 우유를 넣어 마신다.

커피의 종류

- **에스프레소** : 신맛이 적고 쓴맛이 강하며 드미타스(보통 컵의 2분의 1 크기)에 마신다.
- **아이리시 커피** : 커피에 아이리시 위스키를 넣은 후 생크림을 얹은 커피
- **비엔나 커피** : 커피에 생크림을 올린 커피
- **카페오레** : 커피에 밀크를 넣은 커피
- **카푸치노** : 우유 거품과 계피향을 첨가한 커피
- **카페 로얄** : 코냑과 오렌지향을 가미한 귀족적인 커피
- **아메리칸 커피** : 레귤러 커피보다 엷은 맛이며 미국인들이 즐겨 마시는 커피

3) 식사 후 에티켓

- 식사가 끝나면 포크와 나이프는 손잡이가 평행하도록 접시 위에 놓아둔다.
- 상대가 식사 중일 때는 기다려주는 것이 예의이다.
- 식사를 마치면 냅킨은 접어 테이블 위에 올려놓는다.
- 팁은 영수증에 표기해서 합산계산 하거나 자연스럽게 직원에게 전달한다.
- 식사가 끝나면 직원에게 계산서를 받은 후에 계산하며, 각자가 계산하는 경우에는 대표자 한 명이 계산 후 정산한다.

2 해외여행 매너

해외여행은 설렘과 기대를 갖고 다른 나라의 문화와 사람들을 만나며 즐거운 추억을 만들 수 있다. 먼 나라로의 장기 여행과 가깝게 갈 수 있는 나라로의 단기여행에서 여행계획을 세워 여행지에서 어려움을 겪지 않도록 준비가 필요하다.

나의 행동이 대한민국을 평가하며 내가 대한민국의 대표라는 것을 잊지 말자.

즐거운 해외여행을 위해 필요한 출입국 절차, 항공기 내에서 주의사항과 호텔에서 매너를 알아보고 익히자.

1) 공항 매너

여행하는 나라의 기본지식과 출입국 절차를 사전에 숙지하여 선진여행 매너를 익히고 즐거운 해외여행을 하자.

(1) 여권

- 여권은 대한민국 국민에게 대한민국 외무부장관이 발급하는 신분증명서로 외국에 입국하고자 하는 국민은 여권을 소지해야 한다.
- 여권 발급은 각 시·도·구청에서 발급받을 수 있다.

- 출국 목적에 따라 단수여권(1회에 한하여 외국여행을 할 수 있는 여권)과 복수여권(유효기간 만료일까지 횟수에 제한 없이 외국여행을 할 수 있는 여권)이 있다.
- 일부 국가에서는 여권의 유효기간이 최소 6개월이 남아 있어야 입국 가능하다.

(2) 비자

- 방문하고자 하는 국가에서 발급하는 출입국허가를 증명하며 입국사증이라 한다.
- 비자는 신원이 불분명한 외국인이 입국을 불허하는 통제 수단으로 쓰인다.
- 우리나라는 비자 없이 입국 가능한 나라는 188개국이다(2018. 10. 24 월간조선).

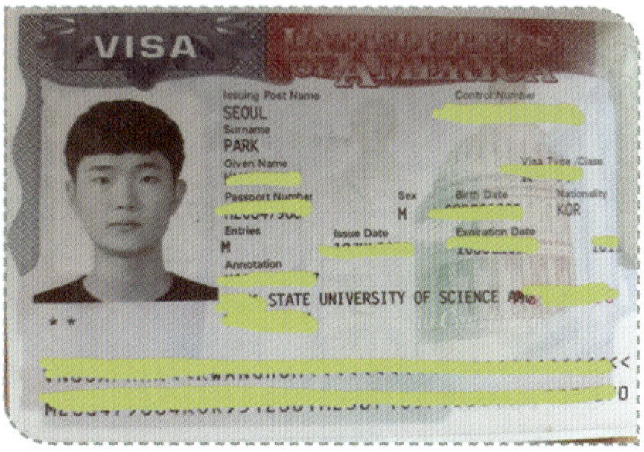

- 입국 목적에 따라 단수비자(1회에 한하여 입국)과 복수비자(2회 이상 입국할 수 있는 사증)이 있으며 체류자격과 기간을 명시해 발급한다.

(3) 예방접종 증명서

- 여행국가에 필요한 예방접종이 다르므로 여행 전에 여행지의 유행하는 질병과 예방접종 정보를 미리 확인 후 예방접종이 요구될 경우 최소 2개월 전부터 준비한다.

- 황열 예방접종 증명서를 필수적으로 요구하는 국가가 있으며, 증명서 없이 해당국가 입국이 거부될 수 있다.
- 국가별로 요구하는 사항 및 권고사항을 확인하고 반드시 예방접종 받아야 한다.
- 말라리아 위험지역은 권고되는 예방약을 복용하여야 하며, 보통 출국 2주전부터 복용을 시작한다(출처 : KCDC 2018).

(4) 항공권

- 항공권 예약 시 필요한 정보는 목적지, 출국일자, 여권상 영문이름, 여권번호, 생년월일이다.
- 다른 나라에 입국할 때는 출국하는 항공권이 있어야 입국이 허용된다.

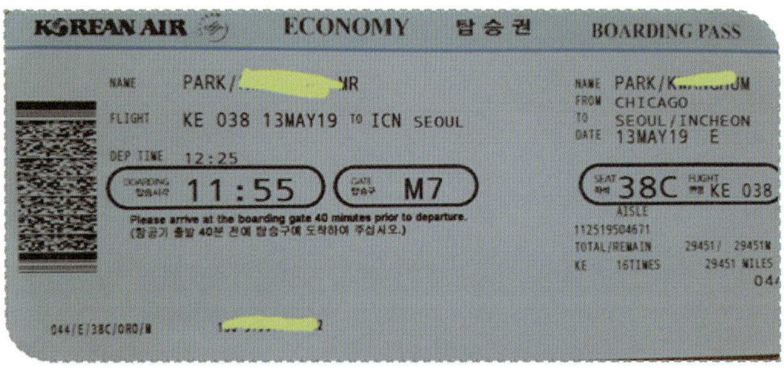

2) 항공기 매너

해외여행 시 기내에서 지켜야 할 에티켓을 통해 안전하고 쾌적한 여행을 시작하자.

항공기 출발 40분 전에 탑승이 시작되며 항공기는 공간이 제한되므로 다른 사람에 대한 배려와 매너가 필요하다.

(1) 탑승 시 에티켓

- 탑승권을 승무원에게 보여주고 좌석 안내를 받으며, 갖고 온 짐은 선반이나 좌석 밑에 보관한다.
- 좌석 이동은 임의대로 하지 말고 승무원에게 물어 보고 이동한다.
- 기내 안내방송에 따라 행동하고 안전벨트착용 표시등이 꺼질 때까지 반드시 안전벨트를 착용한다.

(2) 기내 식사 시 에티켓

- 식사가 시작되면 좌석 등받이를 제자리로 해 뒷자리 승객에게 불편을 끼치지 않게 한다.
- 식사서비스가 시작되면 테이블을 펴고 기다린다.
- 식사 중에는 이동하지 않는다.
- 기내는 기압 때문에 술이 빨리 취하므로 과음하지 않는다.
- 창가자리 승객에게 먼저 식사를 전달한다.
- 음료 등이 필요한 경우 승무원 호출버튼을 누르고 기다리며 승무원의 신체를 건드리는 행위는 삼가한다.

(3) 비행 중 에티켓

- 영화를 보거나 음악을 들을 때 헤드폰 밖으로 큰소리가 나와 다른 승객에게 방해되지 않도록 한다.
- 기내에서 신발을 벗어 불쾌한 냄새가 나지 않게 한다.
- 기내화장실은 남녀 공용으로 승객 모두가 사용하며, 문을 잠가야 화장실 내 전등이 켜진다.

- 화장실 문에 안내표시에 'Occupied' 등은 사용 중이므로 노크하지 않고 기다린다.
- 'Vacant' 등이 들어와 있으면 비어있으므로 사용하면 된다.
- 화장실의 세면기 이용 후 사용한 종이타월로 물기를 닦고 화장실은 깨끗이 사용한다.
- 기내 서비스 시, 면세품 판매 시 카트가 통로를 지날 때는 팔과 다리가 부딪치지 않도록 주의한다.
- 기내용품은 마음대로 가져오지 않는다(담요, 쿠션, 포크, 나이프, 스푼, 화장실 내 용품 등).
- 승무원이 나누어주는 입국신고서, 세관신고서, 검역 질문서 등은 작성하고 작성 시 의문점은 승무원에게 도움을 요청하여 출입국 수속을 신속히 마칠 수 있도록 한다.

(4) 하기 시 에티켓

- 기내 하기 방송을 잘 듣고 안내에 따른다.
- 착륙 후 비행기가 완전히 멈춘 후 좌석벨트 표시등이 꺼지면 벨트를 풀고 하기한다.
- 선반, 좌석 밑을 확인하여 놓고 가는 물건이 없도록 한다.
- 승무원에게 감사의 인사를 한다.

3) 호텔 매너

해외여행지에서 편안하고 안전한 숙소를 예약하여 즐거운 여행이 될 수 있도록 한다. 호텔 예약 시 가격, 공항에서의 픽업서비스, 대중교통의 연계성, 조식 유무, 호텔 내부시설 등을 고려하여 예약을 한다.

(1) 호텔이용 시 지킬 에티켓

- 호텔예약 시 예약자 성명, 체제일수, 객실타입, 연락처, 결제수단 등을 알려준다.
- 체크인 시 예약자 성면과 예약번호를 확인한 후 체크인에 필요한 서류를 받는다.
- 체크인 서류는 성명, 여권번호, 국적 등을 적으며 오후 2시 전후에 체크인을 한다.
- 객실 내에서 떠들거나 소란스럽게 해 다른 투숙객에게 방해되지 않도록 한다.
- 객실 내에서 취사를 하지 않는다.
- 객실 내의 어메니티(Amenity) 외의 호텔 비품을 가져오지 않는다.
- 욕실 사용 시 샤워커튼은 욕조 안쪽으로 넣고 사용한다.
- 객실 청소, 체크아웃 시 감사의 마음으로 1달러 정도의 팁을 놓는다.

생각해 봅시다

1. 레스토랑 예약 시 확인사항에 대해 설명해 보자.

2. 식사 주문 시 주의사항에 대해 설명해 보자.

3. 양식 도구의 사용방법에 대해 이야기해 보자.

4. 기내에서 식사를 할 때 주의사항에 대해 설명해 보자.

5. 해외여행 시 호텔을 사용할 때 유의해야 할 사항을 이야기해 보자.

MEMO

피그말리온 효과

그리스신화에 나오는 이야기다 먼 옛날 지중해에 피그말리온이란 젊은 조각가가 살고 있었다.
볼품없는 외모의 그는 사랑을 체념한 채 조각에만 정열을 바쳤다.
그는 언젠가는 사랑을 얻을 수 있을 것이라 생각하며 심혈을 기울여 여인의 나체상을 조각했다. 이렇게 정성스럽게 여인상을 다듬는 동안 그는 점 점 여인상을 사랑하게 됐다.
어느 날 마을에서 자신의 소원을 비는 아프로디테 축제가 벌어졌다. 피그말리온은 여신 아프로디테에게 그 여인상을 사랑한다며 아내가 되게 해달라고 간절히 빌었다. 기도를 마치고 집에 돌아온 그는 여인상의 손등에 입을 맞췄다.
그 순간 여인상이 사람으로 변했다.
피그말리온의 순수한 사랑을 아프로디테가 받아 들여 사람으로 변하게 한 것이었다.

박상철. '행복한 아침을 여는 101가지 이야기' 정인미디어. 2004.06.16.

피그말리온 효과 : 누군가에 대한 사람들의 믿음이나 기대, 예측이 그 대상에게 그대로 실현되는 경향을 말한다. 즉, 긍정적으로 기대하면 상대방은 기대에 부응하는 행동을 하면서 기대에 충족되는 결과가 나온다.

시사상식사전

Chapter

08

성공을 위한 이미지 메이킹

Chapter

08 성공을 위한 이미지 메이킹

학습목표

- 이미지 메이킹의 의미와 첫인상의 중요성을 이해한다.
- 이미지 메이킹을 위한 이미지 구성요소를 학습한다.
- 이미지 메이킹의 필요성을 이해한다.

1 이미지의 이해

1) 이미지의 의미

이미지는 어떤 사물에 대하여 마음에 떠오르는 직관적인 인상을 말한다.

현대사회는 많은 사람들을 만나며 누군가를 떠올리며 이미지에 대해 생각하고 표현한다.

상대방에게 '나는 어떻게 보여질까? 나를 어떻게 생각할까?' 반대로 나는 '상대방을 어떻게 보았는가? 상대방을 어떻게 생각하는가?' 이처럼 이미지를 전달하는 정보는 표정, 인사, 복장, 말씨, 행동, 걸음걸이 등이 있다. 이미지는 외적이미지와 내적이미지로 나눌 수 있다.

- 어떤 대상에 대해 상대방이 가지는 생각, 신념, 인상의 집합

(1) 외적 이미지

표정, 인사, 복장, 말씨, 행동, 걸음걸이, 헤어스타일, 메이크업 등 외부로 나타나는 외형적 요소

(2) 내적 이미지

마음, 심성, 가치관, 자존감, 매너와 에티켓, 타인의 배려 등의 노력에 의해 표현되는 내면의 요소

2) 이미지 전달 요소

미국의 심리학자 알버트 메리비안(Albert Mehraian)은 상대방과 처음 마주 했을 때 첫 인상을 결정하는 요소를 다음과 같이 분석하였다.

이미지 = 시각적 요소(55%) + 청각적 요소(38%) + 말의 내용(7%)

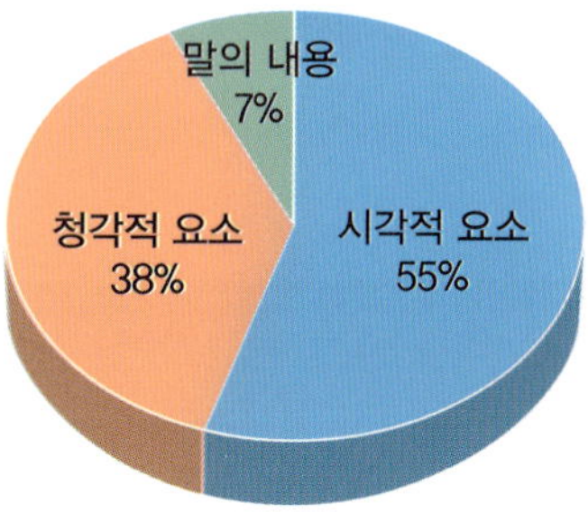

메리비안 차트

상대방에게 이미지를 전달하는 이 법칙에서 말의 내용(7%)보다 목소리로 전달하는 청각적인 정보가(38%) 크며, 청각적인 정보보다 시각적인 정보가(55%) 더 큰 영향을 주는 것을 알 수 있다.

상대방을 만났을 때 이미지를 결정짓는 중요한 요소는 어떤 표정을 짓는지, 인사는 어떻

게 하였는지, 옷차림은 어떻게 했는지, 어떠한 행동을 했는지 등 시각적으로 확인할 수 있는 모습으로 이미지를 결정짓는 데 높은 퍼센트를 나타내고 있다. 다음으로 상대방의 말투, 말의 속도, 말의 높낮이 등 듣는 이미지인 청각적인 이미지이고, 말의 내용 마지막으로 전해진다. 이렇게 나의 이미지가 전달되고 있다.

– 현재 나의 이미지를 시각적 요소와 청각적 요소로 분석해 보자.

- 시각적 요소

- 청각적 요소

– 내가 바라는 나의 이미지를 시각적 요소와 청각적 요소를 적어 보자.

- 시각적 요소

- 청각적 요소

3) 이미지의 구성요소

(1) 인사/태도이미지

- 인사의 사전적 의미는 사람들 사이에 지켜야 할 예의, 만나거나 헤어질 때에 예를 갖추는 일이다. 상대방을 존중하는 마음으로 자연스럽게 반가움을 표현한다.
- 태도는 몸에 익혀진 행동양식으로 몸에 배도록 노력한다.

(2) 표정이미지

- 표정의 사전적 의미는 얼굴에 드러나는 여러 가지 마음속의 심리와 감정의 모습이다.
- 상대방에게 좋은 이미지를 전달하기 위해서 눈과 입의 표정훈련을 꾸준히 하여 표정관리를 한다. 미소를 많이 짓는 사람은 적이 없으며 상대방에게 긍정적인 이미지를 줄 수 있다.

(3) 대화이미지

- 대화의 사전적 의미는 서로 마주하여 이야기를 주고받음이다.
- 상대방의 마음을 움직이고 감동시키는 대화법을 통해 나의 이미지를 전달한다.

(4) 용모/복장이미지

- 용모의 사전적 의미는 사람의 얼굴과 신체의 모습 및 차림새이다.
- 용모는 신분을 나타내주는 역할을 하며 상대방에게 좋은 이미지를 줄 수 있도록 단정하고 깔끔한 용모, 복장을 갖춘다.

4) 첫인상의 효과

첫인상은 아주 짧은 시간에 상대방에게 평가되므로 인간관계에서 첫인상은 아주 중요하다. 성공적인 관계형성을 위하여 좋은 첫인상을 각인시키는 것이 필수 조건이며, 한번 형성된 첫인상은 바꾸기 매우 힘들다. 상대방의 첫인상을 형성할 때 나타나는 심리적인 효과를 살펴보자.

(1) 초두효과(Primacy Effect)

인간관계에서 첫인상은 중요한 요소로 작용한다. 이미지에서 초두효과는 먼저 제시된 정보들이 최종의 정보보다 이미지를 형성하는 데 강력한 영향을 미치는 현상을 이야기한다. 다시 말하면 뒤에 제시되는 이미지, 인상, 정보 등은 처음에 제시된 이미지보다 크게 효과를 나타내지 않는다.

사례

면접에서 면접관에게 초두효과를 어떻게 보여 주는지에 따라 당락이 결정된다.

첫인상이 우리 회사에서 원하는 인재상으로 깔끔한 외모의 면접자가 말을 더듬게 되면 면접관은 '긴장을 많이 하고 있구나'라고 인식한다.

첫인상이 우리 회사에 어울리지 않으며 깔끔하지 못한 면접자가 말을 더듬는다면 면접관은 '역시 준비되지 않았군!'으로 인식한다.

같이 말을 더듬었지만 면접관에게 초두효과를 어떻게 주었는지에 따라 이미지와 평가가 달라진다.

(2) 후광효과(Halo Effect)

한 사람의 평가에서 그 사람이 가지고 있는 장점으로 다른 면도 좋을 것으로 생각하고 평가하는 효과이다. 다시 말하면 좋은 점을 보게 되면 뒤에 나타나는 현상을 긍정적으로 생각하는 현상이다.

사례

신체적인 매력으로 다른 면까지 좋아 보이는 사례이다.

아름다운 여성 연예인이 화장품광고를 하면 그 화장품을 사용하면 그 연예인처럼 아름다워진다고 생각한다. 화장품 판매가 증가하는 이유가 그 화장품을 사용하면 그 연예인처럼 아름다워질 것 같은 후광효과 때문이다.

"눈이 초롱초롱하고 아름다우니 보는 안목이 남다르군요."

하지만 마음에 들지 않는 사람은 모든 점이 부정적으로 느껴지는 것도 후광효과이다.

(3) 부정성 효과(Negative Effect)

상대방의 인상 형성에서 긍정적인 특징보다 부정적인 특징이 더 강하게 작용하는 현상을 이야기한다. 부정적인 특성이 하나만 있어도 그 사람에 대한 긍정적 특성을 상쇄시킬 정도로 큰 비중을 차지하여 부정적인 인상은 긍정적인 인상보다 변화하기 어려움이 있다. 부정적인 정보로 평가가 정확히 이루어지지 않으며 부정적인 인상은 바꾸기가 어려운 것이 문제이다.

사례

직장생활을 시작하는 첫 날 지각하여 지각생으로 각인되면 업무 능력이 우수해도 그 사람은 지각생이라는 오명을 벗기가 어렵다.

(4) 맥락효과(Context Effect)

상대방의 이미지형성에 처음 들어온 정보가 나중에 들어온 정보에 근거를 제공하는 것으로, 처음 들어온 정보가 나중에 들어오는 정보에 영향을 미쳐 전반적인 맥락을 제공하는 것을 말한다.

사례

직장생활에서 이미지가 좋은 여직원이 일을 잘하면 지혜롭다고 생각하는 것은 이미지에 따른 맥락효과이다.

나의 이미지는 상대방에게 어떻게 전달될까?
–
–
–
–
–
–
–

2 이미지 메이킹

1) 이미지 메이킹이란?

자신의 가지고 있는 외모와 개성을 기본으로 어떠한 상황에 맞는 최상의 이미지를 만들어내는 일련의 과정이다.

외적 이미지를 발전시켜 다른 사람에게 긍정적인 이미지를 전달하여 시너지 효과를 끌어올리는 방법이다.

2) 이미지 메이킹의 필요성

기업에서 직원을 채용할 때 서류전형에서 합격 후 면접을 통해 인재를 뽑고 있다. 서류전형에서 우수한 성적을 받았어도 면접에서 안 좋은 평가를 받아 불합격한 사례를 많이 보았다.

직장에서 직무 수행을 하는 데 우수한 두뇌로 업무수행에는 문제가 없으나 무표정, 인사성도 없고, 화가 난 것 같은 표정과 태도로 업무 성과만 올리는 직원을 채용하겠는가? 바쁘고 힘든 직장 생활을 웃으며 예의 바른 행동으로 직무수행을 하는 직원을 채용하겠는가?

이미지 메이킹은 외적인 면과 내적으로 인격 수양을 쌓는 것도 중요하다.

이미지 메이킹을 통해 자신감을 갖고 성공적인 인간관계를 유지하도록 노력하자.

인간관계에서 미소와 함께 할 것인지 무표정과 함께 할 것인지는 내가 선택하고 노력해야 한다.

- 조하리의 창

조하리의 창(Johari's Windows)은 미국의 심리학자 조셉 루프트(Joseph Luft)와 해링턴 잉햄(Harrington Ingham) 이름의 결합으로 일명 마음의 4가지 창 또는 마음의 창이라고 한다. 조하리의 창을 통해 열린 창을 넓혀 이미지 메이킹에 노력해 보자.

	자신이 아는 부분	자신이 모르는 부분
타인이 아는 부분	열린 창 (Open Area)	맹인의 창 (Blind Area)
타인이 모르는 부분	비밀의 창 (Hidden Area)	미지의 창 (Unknown Area)

- 열린 창은 개방 영역으로 나 자신도 알고, 다른 사람들도 알고 있는 내 모습을 말한다. 예를 들어, 나는 밝고 인사를 잘하는 적극성을 가진 성향이다. 이 성향을 나도 알고 다른 사람들이 알고 있는 부분이다.
- 맹인의 창은 남들은 다 알고 있지만 나만 모르는 모습을 말한다. 그 사람에 대해 누구나 알고 있는데 본인은 전혀 모르는 부분이다.
- 비밀의 창은 나는 아는데 타인에게는 절대 숨기고 싶은 나만의 비밀이다. 아무에게도 알려주고 싶지 않은 나의 약점, 습관 등을 알리고 싶지 않은 숨겨진 영역을 말한다.
- 미지의 창, 또는 무의식의 영역이라고 한다. 나도 모르고 타인도 모르고 있는 영역으로써 자신의 행동과 정신세계에 대한 지속적인 자아성찰을 통해 관철되는 부분이다.

'조하리의 창'을 통해 자신의 이미지를 분석하고 개선하여 좋은 이미지를 습관화하고 다른 사람으로부터 인정을 받도록 하자.

전문가다운 이미지 메이킹을 위해 열린 창을 넓히도록 계속적으로 연구하고 노력을 기울여야 한다.

셀프 이미지 체크
현대인의 이미지 메이킹에서 외적 이미지가 상대방에게 얼마만큼의 영향을 미친다고 생각는가? 외적 이미지도 조직사회에서 경쟁력의 중요한 요소로 강조되고 있습니다. 직장에서 동료에게, 학교에서 친구에게 비쳐지는 당신의 외적 이미지의 점수는 얼마나 될까요? '그렇다'가 몇 개인지 세어 보세요. 1. 처음 보는 사람을 만나면 긴장하여 표정이 굳어진다. ( ) 2. 친하지 않은 사람에게 먼저 인사를 하기가 어렵다. ( ) 3. 많은 사람들 앞에 나서는 것이 부끄럽다. ( ) 4. 자세가 구부정하여 본인의 키보다 작아 보인다는 말을 듣는다. ( ) 5. TPO(시간, 장소, 상황)에 따른 복장을 갖추기에 어려움을 느낀다. ( ) 6. 걸을 때 가슴을 펴고 턱을 약간 당긴 자세로 전방을 바라보며 걷는다. ( ) 7. 대화에 집중하면 표정이 굳어져 인상을 쓰는 듯한 느낌이다. ( ) 8. 부정적인 말을 많이 사용한다. ( ) 9. 말의 속도가 빠르거나 느리다. ( ) 10. 대화 중 단어선택에 어려움을 느낀다. ( )
〈결과 보기〉 (3개 이하) 당신의 이미지에 상당히 만족하고 있다. 성격도 밝고 적극적인이며 폭 넓은 대인관계를 유지하는 편이다. 계속적인 노력으로 멋진 이미지를 소유하자. (4개~7개) 당신의 이미지는 평범하다. 가끔씩 소극적인 이미지에 거부감을 갖기도 하지만 이미지 가꾸기에 관심을 기울이면 매력 있는 이미지의 소유자로 변신할 수 있다. (8개 이상) 당신의 이미지에 열등감을 갖고 있다. 자칫 자신의 이미지를 지나치게 과소평가 하는 경향이 있다. 자신감을 갖기 위해 적극적으로 이미지를 가꾸어 매력 있고 당당한 이미지를 만들도록 노력하자.

3) 이미지 메이킹의 중요성

- 이미지 메이킹을 통해 긍정적이고, 호감형으로 인식된다.
- 나의 능력을 높게 평가한다.
- 다른 사람이 나의 평가를 높게 해 주어 인간관계가 넓어진다.
- 나에 대한 이해의 폭이 넓어지고 자신감을 갖게 된다.

생각해 봅시다

1. 최근에 이미지가 좋았던 사람의 특징과 이미지가 안 좋았던 사람의 특징을 이야기해 보자.

2. 이미지의 구성요소에 대해 설명해 보자.

3. '조하리의 창'에서 열린 창을 넓히는 방법에 대한 사례를 이야기해 보자.

4. 이미지 메이킹의 중요성에 대해 말해 보자.

5. 본인이 생각하는 최고의 이미지를 가진 사람의 예를 들어 이야기해 보자.

MEMO

세상에서 가장 소중한 선물

귀중한 시간을 사용하는 세 가지 방법

1. 현재 속에서 살기 – 행복과 성공을 원한다면
   바로 지금 일어나는 것에 집중하라.
   소명을 갖고 살면서 바로 지금 중요한 것에 관심을 쏟아라.

2. 과거에서 배우기 – 과거보다 더 나은 현재를 원한다면
   과거에 일어났던 일을 돌아보라. 그것에서 소중한 교훈을 배워라.
   지금부터는 다르게 행동하라.

3. 미래를 계획하기 – 현재보다 더 나은 미래를 원한다면
   멋진 미래의 모습을 마음속으로 그려라. 그것이 실현되도록 계획을 세워라.
   지금 계획을 행동으로 옮겨라.

스펜서 존슨. '선물' 형선호 역. 알에이치코리아. 2011.11.28

Chapter

09

Hair-Do & Make-Up

Chapter 09

Hair-Do & Make-Up

학습목표

- 나의 이미지에 맞는 헤어스타일과 메이크업을 찾는다.
- 기본 업스타일 연출법을 학습하고 실습하며 습득한다.
- 건강한 헤어 관리법에 대해 학습한다.
- 피부 표현과 나에게 맞는 컬러 메이크업을 실습하며 습득한다.

1 Hair-Do

1) 헤어스타일 이미지

(1) 가르마 연출

헤어스타일을 연출하는 방법은 스타일에 따른 롱 헤어, 숏 컷, 단발, 업스타일, 펌, 컬러 염색 등의 다양한 스타일링이 있다. 이미지는 헤어스타일의 길이나 형태, 컬러에 따라 확연히 달라질 수 있다. 나의 얼굴형과 이미지에 맞는 헤어스타일을 연출하는 것은 좋은 첫인상을 만들고, 각자의 목표 달성을 위한 이미지 전략을 세우는 데 중요한 역할을 한다.

우선 내 얼굴형에 따라 어울리는 헤어스타일을 결정하기 전에 어울리는 가르마를 찾는 것이 필요하다. 우리의 얼굴 생김새는 좌우가 비대칭인 경우가 많다. 골반과 척추가 불균형이거나 자세가 바르지 않을 경우, 한쪽으로만 음식물을 씹는 습관 등의 이유로 이러한 형태로 변형이 오는 경우가 많다. 이로 인해 턱 근육이 발달하게 되어 각진 턱선이 되기도 한다. 이런 경우 근본 원인을 고치기 위해 바른 자세를 유지하도록 노력해야 하고, 음식물 섭취 시 턱이 덜 발달한 곳으로 씹도록 하는 노력이 필요하다.

따라서 이러한 좌우가 비대칭 얼굴형은 눈 모양 및 턱선 등 생김새에서 더 나아 보이는 쪽이 있다. 좀 더 눈매가 선명하고 눈꼬리와 입꼬리가 올라가 있으며, 눈동자가 더욱 빛이 나며 턱이 덜 각저 보이는 쪽이 있다. 그 쪽으로 가르마를 하면 더 밝고 나은 이미지를 연출할 수 있게 된다.

쉬어가기

나에게 적합한 가르마 찾기

왼쪽 얼굴을 종이나 책받침으로 가린다. 유심히 눈빛과 눈꼬리와 입꼬리, 턱선 등을 관찰한다. 다음 오른쪽 얼굴을 종이나 책받침으로 가려 왼쪽 얼굴과 비교해 본다. 눈매가 더 선명하고 눈꼬리와 입꼬리가 올라가 있으며, 눈동자가 더욱 빛이 나며, 턱이 덜 각저 보이는 쪽으로 가르마를 하면 된다.

쉬어가기

얼굴 좌우 비대칭 점검 방법

먼저 귀 구멍 깊숙이 손가락을 넣고 입을 뻐끔뻐끔 벌려본다. 턱을 벌렸다 오므릴 때 손가락을 조여오는 압박이 양쪽이 다르게 느껴진다면 얼굴이 비대칭이다. 또한 눈썹의 높낮이가 다르거나, 어깨가 한쪽으로 기울어져 있으면 얼굴을 비롯해 몸 전체적으로 비대칭이라고 할 수 있다.

귀에 손가락 넣어보기

얼굴 좌우 비대칭 교정 운동

❶ 손가락을 턱 관절에 두고 혀끝을 앞니 뒷부분에 대고 입을 벌렸다, 닫았다 한다.
❷ 젓가락을 양쪽 어금니 부분에 끼워 넣고 거울을 보며 수평을 확인하며, 기울어진 젓가락을 수평으로 맞추려 노력하며 3~5분간 지그시 물고 유지한다.
❸ 양 엄지손가락을 턱에 대고 목의 힘을 뺀 상태로 손가락을 위로 밀어 고개를 뒤로 젖힌다.
❹ 주먹을 쥐고 비뚤어진 쪽 눈꼬리와 관자부분 그리고 귀 윗부분 두피를 위로 올려주며 마사지한다.

❶ 혀를 입천장에 대고 턱 벌리기

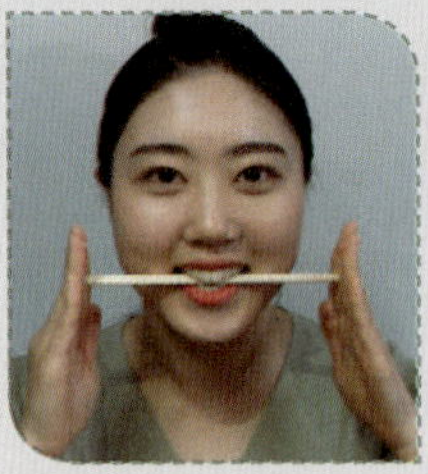

❷ 수평으로 젓가락 물기

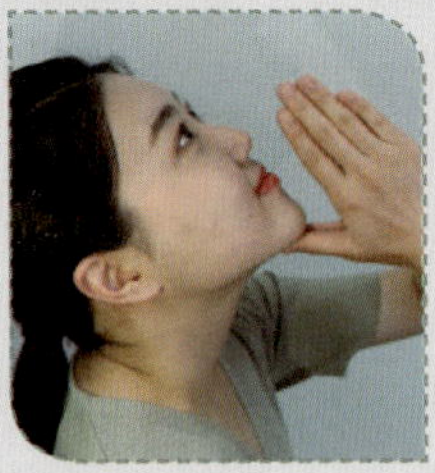

❸ 고개 젖히기

❹ 두피 올리기

(2) 얼굴형에 따른 헤어스타일링

내게 맞는 가르마를 찾았으면 나의 얼굴형에 어울리는 헤어스타일을 찾는 것이 중요하다. 얼굴에는 이상적으로 보이는 비율이 있다. 얼굴의 세로 길이가 헤어, 이마, 코, 턱선까지 1/2 : 1 : 1 : 1 의 비율이 이상적이다. 이러한 비율에 맞춰 에어스타일의 볼륨과 헤어 컬을 하면 더욱 조화롭고 아름다운 이미지를 연출할 수 있다.

헤어, 이마, 코, 턱선까지 1/2 : 1 : 1 : 1 의 비율

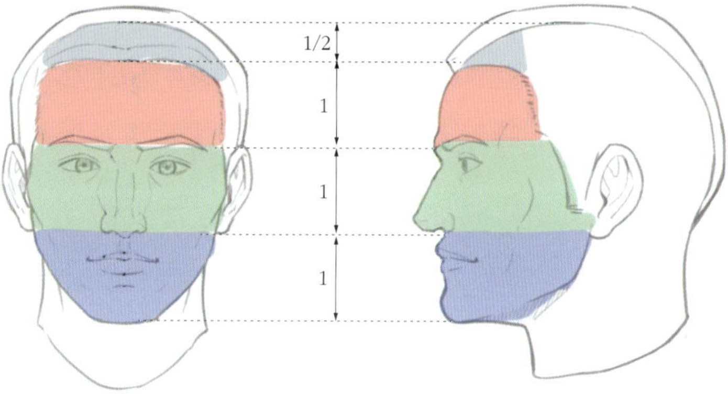

❶ 얼굴형 분석하기

화장을 하지 않은 상태에서 헤어를 올백으로 묶은 후에 거울을 보며 나의 얼굴형이 어디에 가까운지를 분석한다.

가. 둥근형

얼굴 길이와 폭이 짧으며 대체적으로 귀엽고 어려 보인다.

출처 : DVORA Beauty Clinic

나. 사각형

이마와 양 턱이 각을 이루고 있어 강한 인상을 줄 수 있다.

출처 : DVORA Beauty Clinic

다. 역삼각형

이마와 광대뼈가 넓고 턱이 뾰족한 형으로 깔끔하고 세련되어 보인다.

출처 : DVORA Beauty Clinic

라. 계란형

이상적인 형태이므로 대부분의 헤어스타일이 잘 어울리는 편이다.

출처 : DVORA Beauty Clinic

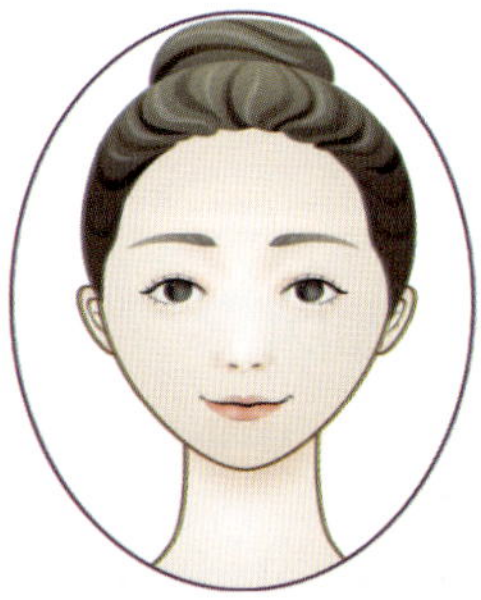

마. 긴형

이마나 턱이 길게 발달되어 보이고 성숙하고 침착한 인상을 준다.

출처 : DVORA Beauty Clinic

❷ 얼굴형에 어울리는 헤어스타일링 연출하기

가. 둥근형

가운데 가르마를 하기보다는 옆 가르마를 하고 앞머리에 볼륨을 주어 둥근 얼굴을 가리고 얼굴이 길게 보이도록 옆머리는 차분히 늘어뜨리거나 뒤로 붙여 샤프한 이미지를 연출해야 한다. 남성의 경우에도 긴 머리 스타일은 피하고 앞머리는 세우고 옆머리는 헤어 젤 제품을 사용하여 최대한 붙여 주거나 옆머리를 짧게 컷하여 단정하고 깔끔하게 연출하도록 한다.

나. 사각형

중간 길이 정도의 긴 머리를 층을 내어 웨이브나 컬을 넣어 얼굴 안쪽을 부드럽게 감싸며 앞머리에 볼륨을 넣어 시선을 위로 끌어올리는 것이 좋다. 가르마는 옆으로 하고 둥근 아래 길이의 보브 스타일(Bob style)이나 굵고 자연스러운 샤기 커트(Shaggy cut) 등이 적합하다. 스트레이트 단발머리는 각이 진 얼굴형에게 가장 좋지 않은 스타일이다.

다. 역삼각형

앞머리는 가볍게 내리고, 올림머리를 하기보다는 단발머리 스타일에 볼륨을 주어 턱선을 부드럽게 보이도록 보완하는 것이 적합하다. 전체적으로 층을 내어 둥근 형태로 목선에서 볼륨감을 주는 풍성한 스타일이 잘 어울린다.

라. 계란형

이상적인 형태이므로 대부분의 헤어스타일이 잘 어울린다. 원하는 이미지에 따라 다양하게 연출할 수 있는 얼굴형이다. 세련된 이미지를 원한다면 부드럽게 컬을 하는 것이 좋으나, 키가 작은 경우라면 강한 웨이브는 좋지 않으며, 키가 큰 경우에는 웨이브가 없는 스타일도 적합하다.

마. 긴형

가운데 가르마를 하는 것은 피하고 앞머리가 일자인 뱅 스타일로 이마를 가려 주어 얼굴을 짧게 보이게 하는 것이 적합하다. 단발스타일이지만 두상의 양 옆으로 볼륨을 올려 수평적으로 보일 수 있도록 하면 얼굴이 짧아 보여 효과적이다. 따라서 옆머리를 풍성한 웨이브를 주어 부드러운 이미지를 연출하는 것이 적합하다.

(3) 남성 헤어 스타일링

- 이마가 다 보일 수 있도록 앞머리는 드라이로 세우고 스프레이로 고정하여 자신감 있는 모습으로 연출한다.
- 옆머리 또한 귀가 보이도록 컷을 하여 정리한다.
- 뒤 머리의 길이는 드레스 셔츠 깃에 닿지 않아야 한다.
- 곱슬머리일 경우 드라이로 잘 펴 주어 단정하게 정돈한다.
- 헤어 제품(젤, 왁스 등)을 사용하여 흐트러지지 않도록 고정하여 정돈한다.
- 유행을 따르는 헤어스타일이나 튀는 염색은 삼가도록 한다.

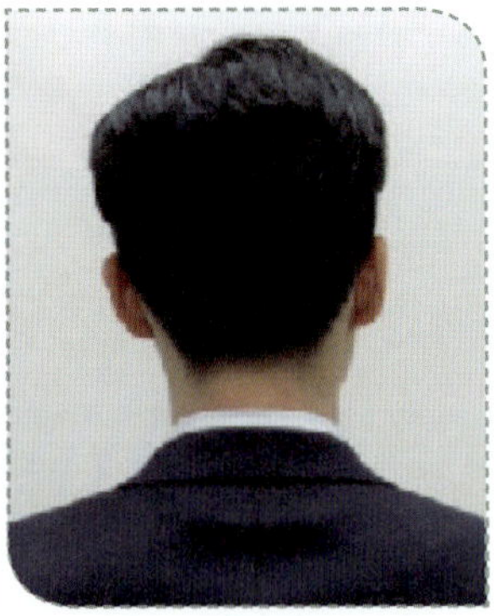

쉬어가기

컴퓨터로 헤어스타일을 검토

비디오 디스플레이 및 데이터 저장 수단을 갖는 컴퓨터 시스템에 비디오카메라를 사용하여 피사체에 헤어스타일을 변경하고 생성하는 방법이 있다. 다양한 헤어스타일이 컴퓨터에 저장되어 있어 컴퓨터 화면상에 나의 얼굴 윤곽을 개시한 후 나의 머리카락이 제거되고 컴퓨터의 데이터뱅크에 저장된 다양한 헤어스타일 중 원하는 스타일로 바꿀 수 있다. 새로운 헤어스타일로 나의 이미지를 다양하게 수정할 수 있으며 그래픽 프린터로 복사할 수도 있다. 최신 헤어스타일의 전문 모델 사진을 보고 결정하는 것보다 나에게 어울리는 헤어스타일을 찾는 데 더욱 정확할 수 있는 방법이다.

수년 동안 사람들은 다른 헤어스타일이 나에게 어떻게 어울리는지 궁금해 했다. 그 질문에 대한 해답을 찾는 유일한 방법은 미용사 또는 이발사에게 가서 헤어스타일을 변경하는 것이다. 그 사람이 새로운 스타일을 좋아하지 않는다면 원래의 스타일로 돌아가는 것은 불가능하다. 긴 머리를 가진 여성은 짧은 머리로 어떻게 보일지 궁금해져 컷을 한 후에는 긴 헤어스타일로 되돌릴 수 없기에 이러한 방법은 아주 효율적이다.

〈V Blancato, 1988 – Google Patents〉

2) 기본 업 스타일

(1) 기본 업 스타일에 필요한 도구와 제품

❶ 헤어드라이어와 아이론, 헤어브러시, 헤어스프레이

❷ 검정 고무줄, 헤어 실망, 실핀, U자 핀(중 또는 대 사이즈), 꼬리 빗

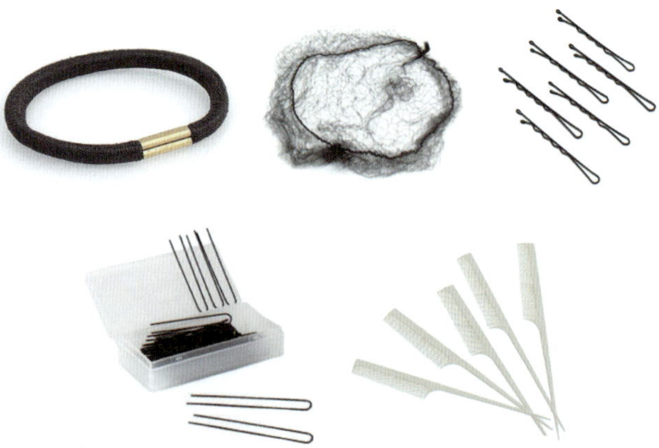

(2) 기본 업 스타일 하는 방법

1. 헤어를 가지런히 빗으로 빗어준다. 완전한 생머리보다는 약간의 펌으로 웨이브가 있는 상태가 업 스타일 잘 된다.
2. 나에게 어울리는 방향으로 가르마를 한다.
3. 가르마 양 옆을 꼬리 빗으로 백 커밍(back coming)하여 볼륨감을 살려준다. 백 커밍을 묶으면 내려앉을 수 있으니 스프레이를 뿌리고 드라이로 살짝 열을 가해 고정하면서 해야 묶을 때 흐트러지지 않는다.
4. 꼬리 빗을 이용해 잔머리가 없도록 곱게 단정하게 빗어 준 후 검정고무줄을 이용해 묶는다. 묶는 위치는 두상의 가운데 부분이 적당하다. 너무 아래로 내려오면 번(bun)이 옷깃을 스치게 되고 보기에도 좋지 않으니 주의하도록 한다.
5. 묶은 후 스프레이를 되도록이면 손끝이나 꼬리 빗 손잡이 부분에 분사하여 헤어에 정리하며 발라주면 두피에 자극적이지 않다. 그래도 고정이 잘 되지 않을 때는 살짝 분사하면서 잔머리가 없도록 정리한다.
6. 실망을 준비하여 실망의 매듭 부분에 U자형 핀을 고정하여 묶인 헤어를 한두 번 돌려 감싼다.
7. 감싼 헤어를 소라 모양으로 둥글게 말은 후 헤어 끝 부분이 잘 보이지 않도록 안쪽으로 밀어 넣으며 U자형 핀으로 아래, 위, 양 옆을 단단히 두상에 고정한다. 숱이 많을 경우 번이 두상에 완전히 밀착이 되도록 여러 개의 U자 핀을 이용하여 고정한다. 번이 상투처럼 되지 않도록 주의한다.
8. 남아 있는 잔머리를 헤어 젤을 이용하여 깔끔하게 정리한다. 실핀으로 번 아래 부분에 잘 보이지 않게 고정한다. 실핀은 되도록 사용하지 않는 것이 깔끔하나 잔머리가 많을 경우 2개까지만 사용하도록 한다.
9. 전체적으로 깔끔한지 삐져나온 잔머리가 없는지, 백 커밍이 가라 앉지는 않았는지 뒷모습, 윗모습의 헤어모양 상태를 거울을 이용해 재확인한다.

업 스타일 하는 방법

덴만 브러시(Denman brush)

초보자도 쉽게 입체적인 스타일을 연출할 수 있는 브러시다. 사용 방법은 내가 원하고자 하는 헤어를 브러시로 집어 브러시 사이로 드라이어의 따뜻한 바람을 3초 정도 쏘인다. 4~5초 정도 열이 식도록 그 상태를 유지한 후 풀어 준다. 앞머리를 세우거나 정수리 부분을 세우고 전체적으로 풍성한 스타일을 만들 수 있다. 남성의 정장용 헤어스타일을 만드는 데 활용하면 손쉽게 스타일링 할 수 있다.

쿠션 브러시(Cushion brush)

엉킨 긴 헤어를 손상 없이 잘 빗어준다. 고무판이 있는 헤드 부분이 보다 넓은 제품이 빗질이 용이하다.

쉬어가기

항공사 승무원의 헤어스타일이 항공사별로 다채로워졌다. 기본 업 스타일, 단발머리, 커트머리, 긴 머리, 포니테일 등 다양한 연출을 허용하고 있다. 그러나 어떤 스타일에도 앞머리가 이마를 가리지 않도록 스타일링 해 주어야 한다. 뒷머리는 재킷 깃에 닿지 않도록 하는 것이 깔끔하고 보기 좋으며, 귀가 보이도록 연출하는 것이 좋다.

3) 헤어 관리법

두피가 건강해야 건강한 머릿결을 유지할 수 있으며, 탈모도 예방할 수 있다. 건강한 두피 관리를 위한 첫 번째 단계는 청결이다. 헤어를 클린징할 때 사용하는 샴푸, 린스, 컨디셔너 등의 제품 선택 시 나의 두피 상태와 헤어 상태를 파악한 후 그에 적합한 제품을 선택하도록 한다.

헤어 에센스

샴푸

컨디셔너

두피 상태 체크와 그에 따른 관리

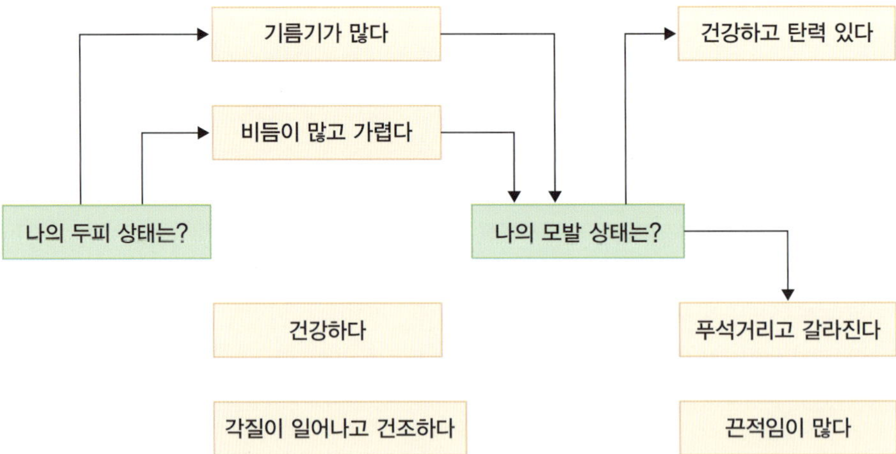

(출처 : 이선경 외 비주얼 이미지 메이킹)

(1) 두피 유형에 따른 관리

❶ 지성 두피

지성 두피는 과다 피지 분비로 인해 모공이 막힐 수 있는 두피 상태이며, 두피가 쉽게 더러워져 세균이 번식하기 쉽기 때문에 청결하게 유지하지 않으면 가려움증과 염증 탈모 등이 나타날 수 있다. 따라서 피지 제거 기능이 탁월한 샴푸로 관리해 주는 것이 좋다.

❷ 건성 두피

건성 두피는 피지 분비가 적으나 각질이 많다. 두피가 붉어지면서 예민한 상태가 될 수 있으므로 건성용 샴푸를 선택하고 잦은 케어는 삼가는 것이 좋다.

❸ 복합성 두피

복합성 두피는 두피 상태와 모발 상태가 다른 경우를 말한다. 일반적으로 두비가 건성이면 모발도 건성이 되고, 두피가 지성이면 모발도 지성이 된다. 그러나 복합성은 두피가 지성이면서 모발은 건성으로 많이 손상된 경우가 많다. 두피는 지성 두피 전용 샴푸를 사용하여 항상 청결을 유지하는 것이 좋으며, 모발은 큐티클을 강화하는 컨디셔너를 사용하도록 한다.

(2) 샴푸 양과 드라이 방법

헤어를 감기 전 쿠션 브러시(Cushion brush)로 헤어 전체를 빗질한다. 헤어를 감을 시에는 머리숱에 따라 적당한 양(보통 짧은 헤어 숱에는 동전 크기)의 샴푸를 짜서 손바닥에서 약간의 거품을 낸 뒤 헤어 깊숙이부터 도포하면서 가볍게 비벼준다. 헤어 라인을 따라 지압을 해 주면 두피 건강과 헤어 건강에 효과가 있다. 또한 머리 혈액 순환을 위한 뒤 목 마사지를 해 주는 것도 두피 건강에 좋다.

젖은 헤어는 수건으로 비비듯이 닦지 말고 가볍게 두드리듯이 물기를 제거한다. 헤어를 말릴 때는 자연히 말리는 것이 좋지만 현대사회에서는 그러할 시간이 부족하므로 드라이어를 사용하되 젖은 상태에서 강한 열풍으로 드라이하기보다는 약한 열풍으로 두피부터 꼼꼼히 말려 주도록 한다. 차가운 바람과 번갈아 가며 이용하면 두피와 헤어에 자극을 덜 주게 된다. 드라이어로 말릴 때 모근의 반대 방향으로 말려주면 풍성한 헤어스타일을 연출 할 수 있다. 또한 드라이어로 말려주기 전에 헤어 에센스를 적당히 발라주면 헤어를 보호하여 부드러운 머릿결을 유지하는 데 도움이 된다.

쉬어가기

두피 마사지 방법

❶ 손톱을 사용하지 않고 손가락 끝으로 혈액순환을 촉진하기 위해 전체 헤어라인을 따라서 지압을 해 준다.
❷ 귀 윗부분 옆머리 부분을 원을 그리듯 정수리까지 마사지 한다.
❸ 이마 윗부분과 뒷머리 부분에서 원을 그리듯 정수리까지 마사지 한다.
❹ 수시로 이와 같이 마사지하여 두피 건강을 유지하도록 한다.

생각해 봅시다

1. 타인의 얼굴에 어울리는 가르마를 찾아주자.

2. 타인에게 얼굴비대칭 교정운동을 가르쳐 보자.

3. 얼굴형에 따른 어울리는 헤어는?

① 둥근형

② 사각형

③ 역삼각형

④ 계란형

⑤ 긴형

생각해 봅시다

4. 기본 업 스타일을 해 보자.

5. 남성 헤어 스타일링에 대해 구체적으로 적어 보자.

MEMO

해가 뜨면 달려야 한다

아프리카에서는 매일 아침 가젤이 잠에서 깬다.
가젤은 가장 빠른 사자보다 더 빨리 달리지 않으면 죽는다는 사실을 알고 있다.
그래서 그는 자신의 온 힘을 다해 달린다.

아프리카에서는 매일 아침 사자가 잠에서 깬다.
사자는 가젤을 앞지르지 못하면 굶어 죽는다는 사실을 알고 있다.
그래서 그는 자신의 온 힘을 다해 달린다.

네가 사자이든, 가젤이든 마찬가지이다.
해가 떠오르면 달려야 한다.

– 마시멜로우 중에서 –

2 Make-Up

메이크업(Make-up)이란 결점을 보완하고 더욱 아름답게 보이고자 표현하는 것이며, 미(美)를 창출하는 행위이다.

1) 피부 기초 관리 및 베이스 표현

피부타입 테스트

☐ 세안 후 스킨과 로션을 바르지 않아도 건조하지 않다.
☐ 메이크업이 쉽게 지워지며 자주 수정해 줘야 한다.
☐ 맨 얼굴일 때 모공이 눈으로 정확히 보인다.
☐ 기름종이를 하루에 2번 이상 쓴다.
☐ 세안하고 어느 정도 경과 후 휴지로 닦았을 때 유분이 묻어난다.
☐ 영양크림이나 팩을 하면 오히려 트러블이 잘 생긴다.
☐ 화장품 유형은 유분이 많은 것보다 산뜻한 젤 유형이 잘 맞다.
☐ 코 주변에 블랙헤드나 화이트헤드가 많이 생긴다.
☐ 머리를 매일 감아도 자주 가렵고 비듬이 생긴다.
☐ 잔주름이나 각질보다는 번들거리는 기름기가 먼저 눈에 띈다.
☐ 건조한 날씨에도 피부가 가렵거나 당기지 않는다.
☐ 하루라도 머리를 감지 않으면 유분기가 많이 생긴다.

* 1~4개 : 건성 피부
* 5~7개 : 중성 피부
* 8~12개 : 지성 피부

피부 유형 체크

세안 후 아무것도 바르지 않은 상태로 10~15분이 지난 후 기름종이로 유분기를 체크한다.

- **건성 피부** : 유분감이 거의 없고 세안 후 바로 얼굴의 건조함을 느낀다.
- **지성 피부** : 얼굴 전체에 유분기가 묻어난다.
- **복합성 피부** : T존 부위는 유분기가 많이 묻어나고 볼과 턱 이마는 유분기가 거의 묻어나지 않는다.
- **중성 피부** : 얼굴 전체 부위에 적당한 유분기가 있어 당기지 않는다.

(1) 피부 유형과 특징 및 관리

피부 유형은 건성 피부, 중성 피부, 지성 피부, 복합성 피부로 나눌 수 있다. 건성 피부는 각질이 일어나고 유분기가 전혀 없으며 당기는 피부이며, 나이와 관계없이 건조함을 느끼고 각질이 일어나 메이크업이 잘 받지 않는 피부유형이다. 중성 피부는 건조함과 번들거리는 부위가 특별히 없으며, 가장 이상적인 피부타입이라 할 수 있다. 지성 피부는 전체적으로 번들거리고, 건조한 부위는 전혀 없으며, 세안하고 몇 분도 지나지 않아 유분이 올라오기 시작하여 번들거리기 때문에 메이크업도 잘 사라지는 피부이다. 복합성 피부는 모공의 크기가 부위마다 다르고 세안 후 건조함과 당기는 느낌이 항상 느껴지는 피부이다.

(2) 클렌징과 세안 순서

❶ 손을 깨끗이 씻는다.

❷ 전용 클렌징을 이용하여 눈과 입술 화장을 지운다.

❸ 베이스클렌징으로 파운데이션과 파우더의 유분, 땀, 피지 등의 분비물을 부드럽게 닦아낸다.

❹ 미지근한 물로 얼굴을 적신 후 폼 클렌저로 꼼꼼히 1~2분간 아래에서 위로, 안쪽에서 바깥쪽으로 마사지하듯 세안한다.

❺ 미지근한 물로 여러 번 헹군다.

❻ 마지막에 찬 물로 튕기듯이 마무리하여 피부를 수축시킨다.

❼ 타월로 얼굴을 가볍게 누르듯이 물기를 제거한다.

각진 눈썹 그리기

- STEP 1 눈썹 길이 2/3 지점에서 눈썹 산을 각을 지게 그린다.
- STEP 2 앞머리와 꼬리 부분을 내려 그린다.

아치형 눈썹 그리기

- STEP 1 눈썹 길이 2/3 지점에서 눈썹 산을 둥글게 그린다.
- STEP 2 꼬리 부분을 내려 그린다.

일자형 눈썹 그리기

- STEP 1 눈썹 앞머리 부분을 눈썹 산의 위치까지 채워 그린다.
- STEP 2 눈썹 아랫부분을 채워 일자로 그린다.

출처: https://youcan.tistory.com/794

쉬어가기

피부 유형과 특징 및 관리

피부 유형	특징	관리
건성	유분기가 전혀 없으며 피부가 건조하며 거칠어지기 쉬운 피부이며, 잔주름이 자주 발생하기도 한다.	보습 관리가 특별히 중요한 피부로 모공, 트러블, 블랙헤드, 주름 등 피부고민에 따라 제품을 선택하여 사용하면 피부개선에 도움을 받을 수 있으며, Deep Cleansing은 2주에 한번 정도 한다.
중성	건조함과 번들거리는 부위가 특별히 없는 피부, 수분과 유분의 조화가 잘 이루어진 이상적인 피부	평소엔 건강한 피부지만 기후나 컨디션에 따라 예민해지기 쉬우므로 평소에 꾸준히 관리를 하면 항상 촉촉하고 매끄러운 피부를 유지할 수 있다.
지성	전체적으로 번들거리고, 건조한 부위는 전혀 없으며, 모공이 넓고 과다 피지분비로 인해 수시로 피부 트러블이 생기는 피부	유분을 흡착하는 성분이 함유된 화장품을 선택하여 사용하며, 수시로 기름종이를 사용하여 유분을 제거해 주는 것이 좋다.
복합성	건조함과 유분감이 동시에 느껴지는 피부	볼 부분은 건성으로 당기고 푸석하며 T존에는 피지 분비가 많은 피부이므로 볼 부분에는 수분 보충을, T존에는 유분을 제거해 주는 것이 좋다.

(3) 피부 타입별 클렌징

❶ 건성 피부

- 자극 없이 부드럽게 클렌징한다.
- 수분이 함유된 약산성 폼 타입을 사용한다.
- 오랜 시간 피부를 자극하지 않는다.

❷ 지성 피부

- 미지근한 물로 여러 번 세안하여 피지를 우선 제거한다.

- 노폐물 제거 효과가 큰 스크럽 제품이나 순한 화장비누로 이마, 턱, 코 주변을 구석구석 딥 클렌징한다.
- 1주일에 2~3회 스팀 타월 후 스크럽하여 각질 제거를 한다.

❸ 민감성 피부

- 피부가 예민하므로 거품이 많이 나고 자신에게 맞는 순한 제품을 사용한다.
- 각질 제거와 딥 클렌징 또는 팩으로 피부 표면에 트러블이 나지 않도록 주의하며, 세게 문지르는 것은 삼간다.
- 제품 사용 시나 천연제품을 사용 시 팔 안쪽 부위에 알레르기 테스트를 한 후 사용하도록 한다.
- 알코올 성분이 들어간 제품은 삼가도록 한다.

(4) 얼굴 기초 제품 바르는 순서

❶ 화장 솜에 유연 화장수(Skin Lotion) 3~4방울 정도를 묻혀 피부 결에 따라 닦아내듯이 바른다.

❷ 소량의 아이크림을 눈 밑에 약지를 이용해 가볍게 두드리듯이 흡수시킨다.

❸ 세럼이나 에센스를 바른다.

❹ 적당량의 로션을 피부 결에 따라 마사지하듯이 바른다.

❺ 낮에는 수분이 많이 들어 있는 영양크림을 바르고 저녁에는 나이트 영양크림을 마사지하듯이 바른다.

❻ 썬 크림을 동전 크기의 양 만큼 골고루 펴 바른다.

❼ 목 피부 관리를 위해 목에도 주름이 생기지 않도록 로션이나 크림을 발라주면 젊고 건강한 목 피부를 유지할 수 있다.

쉬어가기

남성 기초 메이크업(Make-up)

- 매일 면도를 깨끗해 하고 수염이 쉽게 자라는 사람이라면 면도 용구를 준비해두어 항상 단정한 인상을 주도록 한다.
- 남성용 기초 화장품을 사용하도록 한다.
- 피부 노화의 90%가 햇빛에 의한 것이므로 남성도 남성용 썬 크림으로 피부를 보호하도록 한다.
- 가벼운 BB크림으로 피부를 정리해 주면 깨끗한 인상을 줄 수 있다.
- 눈썹도 정리하여 환하고 깨끗한 이미지를 연출한다.

2) 메이크업(Make-up) 도구

섬세하고 정결한 표현을 위해서는 그 제품에 적절한 도구를 사용하는 것이 좋다. 피부 트러블의 원인이 될 수 있으므로 도구의 청결한 관리는 필수이다. 립스틱용 브러시 세척 시에는 클린징 크림으로 기름기를 뺀 후 티슈로 닦아내고, 중성세제를 푼 물에 흔들어 씻어 맑은 물에 헹궈 낸다. 아이섀도 브러시는 미지근한 물에 중성세제나 클린징 워터를 풀어 씻어 색을 빼고 자연 건조시킨다. 퍼프나 스펀지는 페이스 클리너나 주방용 세제로 비벼 빨아 서늘한 곳에 건조시킨다. 완전히 건조한 후 사용하도록 한다.

(1) 피부 표현을 위한 도구

❶ 화장솜

유연 화장수, 수렴 화장수를 바를 때 코튼(Cotton) 솜을 이용하면 피부에 자극 없이 잘 스며들게 할 수 있다. 강하게 문지르지 말고 부드럽게 닦아 내듯 사용한다.

❷ 스펀지(Sponge)

메이크업 베이스나 파운데이션을 골고루 펴 바를 때 사용하며, 재질과 형태가 다양하여 자기 피부 결에 적합한 재질과 편안한 모양을 선택하면 된다. 스펀지를 사용하면 정교하고 얇게 바를 수 있으며, 눈 밑, 코 부분 등에 꼼꼼히 바르는 데 유용하다.

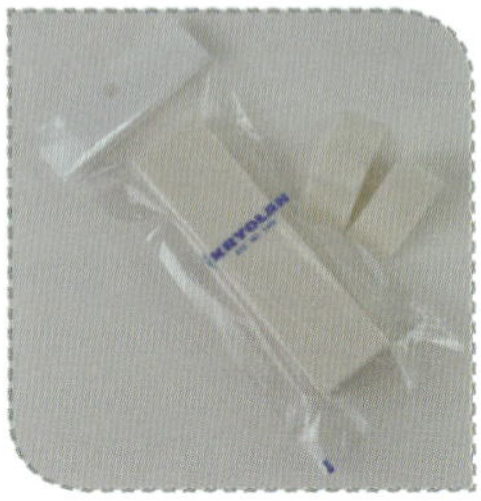

❸ 퍼프(Puff)

퍼프 또한 메이크업 베이스나 파운데이션을 골고루 펴 바를 때 사용하며, 재질과 형태가 다양하다. 에어쿠션 퍼프는 케이크타입의 파운데이션을 바를 때, 파우더 퍼프는 가루타입의 파우더를 바를 때 사용한다. 퍼프로 메이크업 베이스나 파운데이션을 바를 시에는 제품을 수십 번 두들겨 스며들게 한 후 얼굴의 반을 우선 바르고 또 다시 퍼프에 수십 번 두들겨 스며들게 한 후 나머지 반을 바르면 두껍게 표현되지 않는다.

❹ 파운데이션 브러시(Foundation Brush)

리퀴드 타입의 메이크업 베이스나 파운데이션을 바를 때 사용한다. 많은 양을 바를 시에는 브러시 자국이 날 수 있으므로 소량으로 가볍게 터치하듯 발라준다. 수시로 세척을 한 후 사용하도록 한다.

❺ 파우더 브러시(Powder Brush)

보통 부드러운 천연모이며 크기도 가장 크다. 제품을 브러시에 묻힌 후 가루를 털어내고 얼굴 전면에 유분기를 없애는 정도로 가볍게 쓸어내리듯이 T존 부위를 중심으로 바른다.

(2) 눈 표현을 위한 도구

눈썹 정리 도구

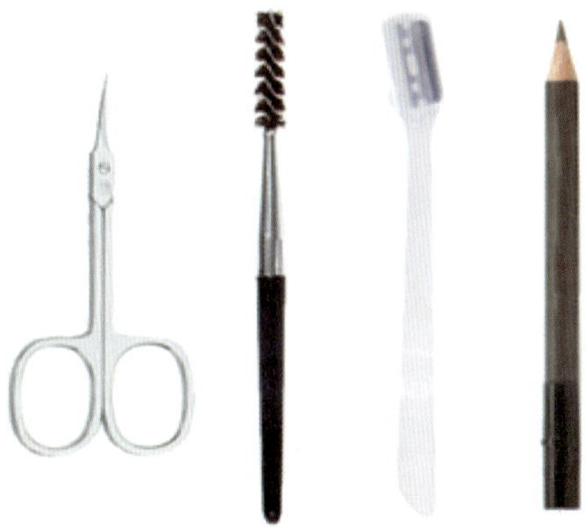

눈썹용 가위, 스크루브러시, 눈썹용 칼, 펜슬형 아이브로우

❶ 아이브로우 브러시(Eyebrow Brush)

붓의 끝 모양이 사선으로 되어 있어 눈썹 산을 연출하는 데 유용하다. 부드러운 재질보다는 조금 빳빳한 소재가 그리기가 용이하다.

❷ 아이 브러시와 컴(Eye Brush & Comb)

빗 부분은 눈썹 숱을 정리할 때 사용한다. 컴 브러시로 눈썹을 위에서 아래로 쓸어내린 후 눈썹 칼을 이용하여 브러시 아래로 내려 온 눈썹을 잘라내면 된다. 브러시 부분은 눈썹을 정리할 때 사용하는 용도이나 많이 쓰이지는 않는다.

❸ 스크루 브러시(Screw Brush)

아이새도나 펜슬로 눈썹을 그린 후에 결을 따라 빗어주면 자연스러운 눈썹으로 연출된다. 눈썹 정리 후 얼굴에 붙어 있는 눈썹들을 제거할 때 용이하다.

❹ 눈썹 칼(Eyebrow Knife)

눈썹의 숱을 잘라 내거나 원하는 눈썹 모양을 만들 때 필요 없는 부분을 정리할 때 사용한다. 눈썹이 많이 자라 눈썹 모양이 틀어지기 전에 수시로 정리하는 것이 좋으며, 눈썹 정리 시에 눈꺼풀에 로션을 발라 상처가 나지 않도록 주의한다. 그 외 코 밑 잔털을 정리하는 용도로도 사용된다. 사용한 칼날은 깨끗이 닦아 보관하여야 칼날의 수명이 길어지며, 무뎌진 칼날은 사용하지 않는 것이 좋다.

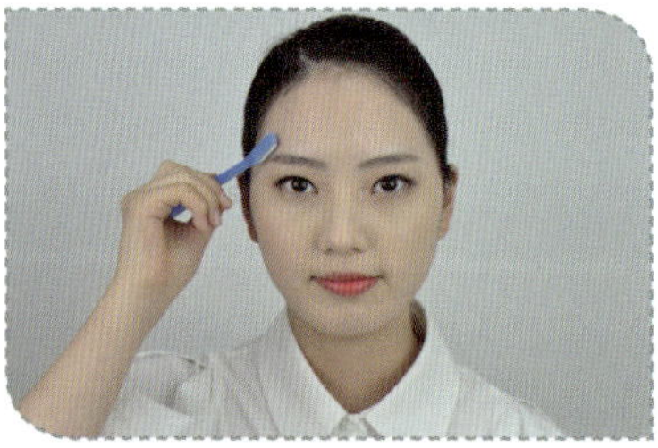

❺ 아이래쉬 컬러(Eyelash Curlers)

쳐진 속눈썹을 위로 올려 눈을 매력적으로 돋보이게 한다. 속눈썹 뿌리 부분을 정확하게 집고 손잡이 부분을 위로 올려준다. 긴 속눈썹은 뿌리 부분, 중간 부분, 끝 부분으로 간격을 두고 균일하게 집어 준다. 아이라이너를 그린 후에 사용하면 아이라이너가 지워지게 되므로 아이라이너를 그리기 전에 사용한다. 마스카라 또한 바르기 전에 사용하는 것이 도구를 깨끗하게 사용할 수 있다.

❻ 아이라이너 브러시(Eyeliner Brush)

젤 타입의 아이라이너를 바를 때 사용한다. 붓 부분을 자주 세척하여 부드러움을 유지하도록 한다. 붓에 남아 있는 젤이 굳어 가루가 되어 사용 시 얼굴에 떨어질 수도 있으며, 붓이 딱딱해져 잘 그려지지 않게 된다.

❼ 스펀지 브러시(Sponge Brush)

아이섀도를 바를 때 사용하며, 밀착력과 색을 표현하는 데 좋다. 하이라이트 표현에 편리하나 사용 후 손으로 자연스럽게 펴 주도록 한다.

❽ 면봉

잘 못 발라진 립스틱, 아이라이너 등 세세한 부분을 수정하거나 지울 때 사용한다.

3) 색조 화장

(1) 메이크업 베이스(Make-up Base)

파운데이션(Foundation) 전 단계로 자신의 피부가 갖고 있는 자연 그대로의 아름다움을 살리면서, 매끄럽게 정돈시켜 피부 톤이 밝아 보이게 하는 역할을 한다. 피부 화장의 정돈된 효과를 높여주면서 피부의 수분 유지 및 보호 역할을 한다. 파운데이션이 균일하게 잘 밀착되도록 하여 파운데이션의 효과를 높여 주기도 한다. 색상은 청색, 녹색, 분홍색, 연보라색, 노란색, 무색 등 여러 가지가 있어서 피부색에 맞게 선택하여 밝고 정돈된 피부색으로 표현할 수 있다.

메이크업 베이스 종류에는 리퀴드 타입과 크림 타입 두 가지가 있다. 리퀴드 타입은 수분의 함량이 많은 타입으로 약간 묽으며 촉촉하고 산뜻하게 표현되어 중성이나 지성 피부에 적합하다. 여름철에 가볍고 싱그럽게 표현하는 데 적합하다. 크림 타입은 색상에 있어서 효과가 뛰어나 자신이 표현하고자 하는 피부색에 따라 색상을 선택하여 표현하면 된다. 메이크업 베이스를 바르는 방법은 기초화장을 끝낸 후, 소량의 메이크업 베이스를 얇게 펴 바른다. 지나치게 많이 바르면 오히려 파운데이션이 밀리게 되므로 소량을 바르는 것이 좋다.

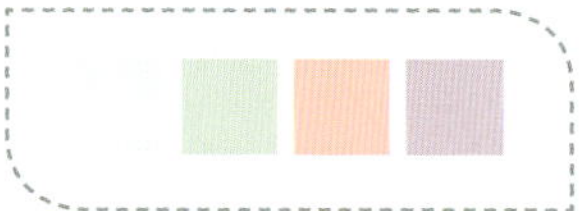

메이크업베이스 컬러 종류와 특징

- **청색** : 기미, 주근깨, 잡티가 많은 피부에 적합
- **녹색** : 모세혈관이 확장된 붉은 피부나 여드름, 흉터를 보완
- **분홍색, 연보라색** : 창백한 얼굴을 혈색 있는 화사한 피부로 표현(신부 화장)
- **노란색** : 얼굴의 붉은 색이 많은 피부를 자연스럽게 커버
- **베이지색** : 자연스러운 피부를 표현하고, 잡티가 없고 피부 톤이 고른 피부에 적합
- **살색** : 일반적인 피부에 적합

(2) 파운데이션(Foundation)

피부색과 상태에 따라 적합한 파운데이션을 선택하고 쿠션퍼프를 이용하여 얼굴 전체에 펴 바른다. 볼 부분을 먼저 펴 바르고 쿠션퍼프에 스며들어 남아 있는 여분만으로 눈 부위를 발라주면 자연스럽게 표현할 수 있다.

❶ 리퀴드 타입 파운데이션

액체 형태의 파운데이션으로 촉촉하고 자연스러운 화장을 할 수 있어 건조한 피부에 사용한다. 투명하게 표현되어 잡티 보완에는 미흡하다.

❷ 크림 타입 파운데이션

유분의 비중이 커서 크림 형태로 되어 있으며, 잡티, 기미 등 확실한 커버에 적합하다. 피부 표현이 두껍게 되어 20대 초년생에게는 나이가 들어 보일 수 있다.

❸ 케익 타입 파운데이션

립스틱 모양의 고형 타입이며, 수정하는 용도로 휴대하고 다니기에 적합하다. 신속하고 간편하며 피지를 흡수하는 능력이 있고 커버력이 좋아서 지성 피부나 기미, 주근깨, 잡티가 있는 사람에게 적합하다.

쉬어가기

피부에 따른 파운데이션 선택

내 피부색에 따라 파운데이션을 선택해 보자. 1번이 제일 밝은 피부이기에 13호가 적합하며, 2번과 3번은 21호 정도가 적합하다. 4번은 23호, 5번은 25호 이상이 적합하다.

(3) BB크림(Blemish Balm Cream)

BB크림의 시초는 독일 피부과에서 환자 피부 치료 후 피부 재생이나 자외선과 외부 자극에서 피부를 보호하는 용도로 시작되었다. 정식 명칭은 '블레미시 밤(Blemish Balm : 피부의 티, 흠에 바르는 연고)'이다. 그러나 현재는 붉은 기운을 진정시켜 피부를 보호하는 자외선 차단 본래의 기능 위에 보습, 주름 개선, 메이크업 베이스 기능까지 갖추면서 '멀티 크림'으로 전환되어 사용하고 있다. BB크림은 간편하게 잡티를 커버하고 피부 톤을 정리해 주는 효과를 가지고 있다. 남성 또한 자연스러운 피부표현을 위해 남성용 BB크림을 사용하면 자외선 차단 효과와 피부색 정리 효과를 낼 수 있다.

(4) 컨실러(Concealer)

피부에 여드름, 주근깨, 기미, 뾰루지, 다크써클 등 결점을 감추고 깨끗하고 매끈한 피부표현을 위해 사용하는 기능성 화장품이다. 잡티 종류에 따라 세분화되어 있으며 형태 또한 붓, 펜슬, 크림 등 여러 가지가 있다. 눈 주위는 민감하기 때문에 리퀴드 타입 컨실러를 사용하는 것이 좋고, 색깔도 여러 가지가 있으므로 컨실러를 고를 때 이마나 턱에 발라서 피부 톤에 가까운 색을 고르도록 한다. 컨실러의 색과 자신의 피부색이 너무 차이가 나면 파우더로 덮어도 톤 차이가 나게 된다. 파운데이션보다 밝은 톤을 선택하는 것이 좋다.

기미나 주근깨를 가려주는 제품, 다크써클을 가려주는 제품, 뾰루지를 가려주는 제품 등이 있으며, 파우더의 기능과 합쳐서 나온 제품도 있다. 종류로는 리퀴드 타입, 스틱 타입, 크림 타입, 키트 타입 등이 있다.

컨실러는 기초화장이 끝난 뒤 비비크림, 메이크업 베이스나 파운데이션 사용 후 바른다. 컨실러를 바른 부분만 부각되지 않도록 소량을 쓰며 손가락이나 쿠션퍼프로 가볍게 두드리면서 바른다. 컨실러를 바른 후 바른 부분과 바르지 않은 부분과의 톤 차이가 나지 않도록 그 주위를 파우더로 두드려준다.

❶ 리퀴드 타입 컨실러

묽으며 피부에 펴 바르기 좋고 다크써클을 보완하는 데 좋지만 여드름이나 두드러진 결점을 보완하기는 충분하지 않다.

❷ 스틱 타입 컨실러

여드름 등 붉은 반점이나 두드러진 결점, 기미, 주근깨 등을 보완하는 데 적합하다. 고형이기에 피부에 고르게 펴 바르는 데 어려움이 있다. 따라서 눈 주위에 사용은 삼가도록 한다.

❸ 크림 타입 컨실러

크림 타입으로 완전한 커버력을 가지고 있고 쉽게 펴지고 유연하면서 밀착력이 좋아 가장 보편적으로 사용하고 있다.

❹ 키트 타입 컨실러

다크써클, 색소침착, 트러블 등의 커버에 따른 기능과 밝은 톤, 어두운 톤 등 색상이 다양하게 들어 있어 활용도가 높다.

(5) 루주 파우더(Loose Powder) (출처 : http://www.doopedia.co.kr)

파우더는 고대 이집트 시대 여성들이 백악이나 흙을 이용해 얼굴을 두드렸는데, 이는 악령으로부터 자신을 지킨다는 관습에서 비롯된 것이었다. 후에 이러한 행위가 부유층에서 얼굴을 하얗게 만들어 아름다움을 표현하는 미의 기준으로 삼게 되었다. 가난한 여성들은 하얀 밀가루를 얼굴에 바르기도 하였으며, 일본과 중국에서는 쌀가루를 얼굴에 바르는 등 하얀 피부를 가지기 위해 노력했다. 20세기에 이르러 영화산업이 발전하면서 얼굴 분장을 하는 배우들에 의해 파우더에 대한 수요가 급격히 늘어나면서, 1923년 영국 회사인 러톤 앤 선즈(Laughton & Sons)가 첫 번째로 콤팩트 파우더를 개발하게 되었다. 이후 안토니 오버톤(Anthony Overton)은 아프리카계 미국인들을 위한 파우더를 최초로 개발했으며, 1940년대에 엘리자베스 아덴(Elizabeth Arden)이 다양한 메이크업 제품용 파우더를 출시하게 되었다.

파우더는 나노 크기의 아주 작은 입자로 구성되어 있기 때문에 모공 커버력에 탁월해 주로 화장의 맨 마지막 단계에 사용되며, 화사한 피부를 만들어 주는 데 효과적이다. 메이크업이 끝난 후 모공의 피지 분비를 막아 유분기를 없애주고 번들거림이 없도록 하며, 화장의 마지막 단계에 퍼프로 눌러주는 방식으로 사용된다. 종류는 유색과 무색이 있으며, 파우더 타입(Powder Type)과 콤팩트 타입(Compact Type)으로 분류 된다.

피지분비로 인해 화장이 지워지거나 번들거리지 않도록 막아주기 때문에 장시간 메이크업을 유지하는 데 도움이 된다. 아주 곱고 미세한 입자로 피부를 자연스럽게 보정하고 피부를 보송보송하게 유지시켜주며, 화사하고 생기 있게 보이도록 해 준다.

피부 톤에 따라 몇몇 색상으로 나누어져 있으며, 퍼프를 이용해 파우더를 넉넉히 묻힌 후 비벼 털고 나서 얼굴 전체에 누르듯이 발라주고, 브러시로 살짝 털어 낸다.

(6) 아이섀도(Eye Shadow) (패션전문자료사전, 1997)

음영이나 입체감을 주고 눈꺼풀을 아름답고 깊이 있는 눈매로 연출한다. 고형분말 타입, 스틱 타입, 크림 타입, 유액 타입, 펜슬 타입 등으로 다양하며 펄을 넣어 빤짝거림으로 아름다움을 표현하기도 한다. 색조도 다채로워 브라운, 그린, 블루, 그레이, 보라, 백색, 황금색, 옐로우 등 다양하고, 색조별 밝은 색, 중간색, 짙은 색 등으로 다양하게 색 조합을 하여 표현할 수 있다. 아이섀도는 의상스타일과 립스틱과의 조화 피부 톤의 조화에 따라 다양하게 연출한다.

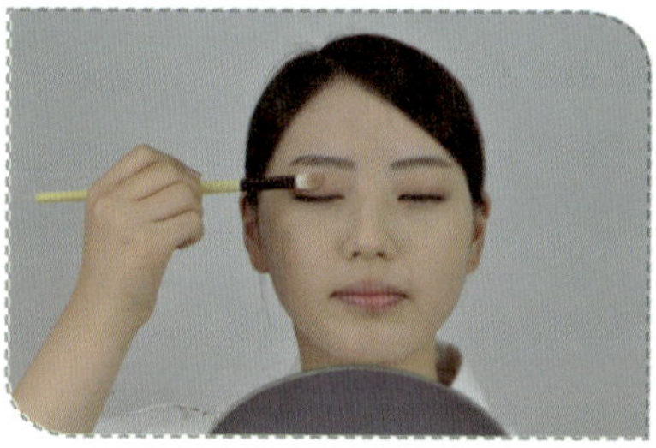

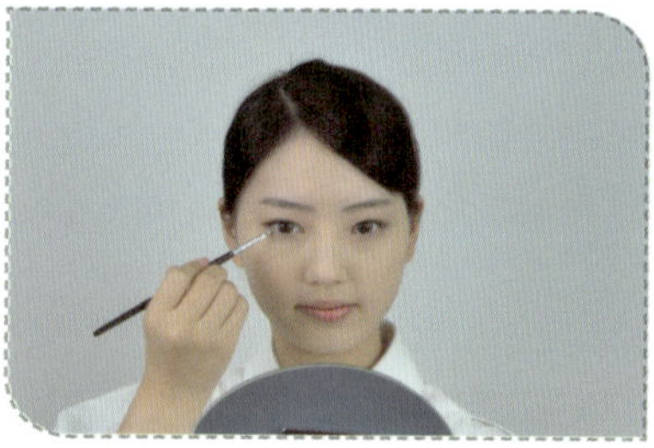

사용 요령

- **하이라이트 컬러** : 화이트 또는 아이보리색으로 눈썹 뼈 부분에 발라 입체감과 화사함을 표현한다.
- **베이스 컬러** : 아이 홀(눈두덩이)에 넓게 펴 바르면 다음에 바를 아이섀도의 색을 더 잘 표현할 수 있게 된다.
- **그라데이션** : 연 살색, 연 핑크, 연 오렌지 등의 색조를 눈두덩의 3분의 2 선까지 뭉치지 않게 자연스럽게 펴 바른다.
- **포인트 컬러** : 눈꼬리, 눈머리 부분에 악센트를 주는 효과가 있으며, 그라데이션색보다 짙은 색으로 쌍꺼풀 라인 아래 부분까지 강조를 해 주면 눈이 커 보이는 효과를 준다. 본연의 눈을 빛나도록 자연스러운 아름다움을 연출하려면 연하고 밝은 컬러를 사용하는 것이 적당하다.

아이섀도 컬러별 용도 (http://cafe.naver.com/cosmania/23822414)

- 베이스 컬러

- 베이스를 바르고 3분의 2 눈꺼풀에 바르는 컬러

● 펄이 들어 있어 눈 밑 애교 살을 강조하기 위해 눈 앞머리에 포인트를 주는 컬러

● 눈꼬리 부분 포인트를 주어 눈을 선명하게 강조하는 컬러

(7) 아이라이너(Eyeliner)(1%를 위한 상식백과, 2014, 베탄 패트릭, 존 톰슨, 이루리)

기원전 4세기경 이집트인들에 의해서 만들어졌다. 최초의 아이라이너(eyeliner)로 알려진 고대의 콜(kohl)은 연광(鉛鑛, a lead ore), 안티몬 가루, 태운 아몬드, 황토 등의 다양한 재료들의 산화물이었다.

고고학자들의 연구에 따르면 눈 화장용품과 페이스 파우더를 빻고 혼합하기 위해서 팔레트를 처음 사용한 시기가 이집트에서는 기원전 6000년경까지 거슬러 올라간다고 한다. 특히, 얼굴에서도 가장 두드러지는 눈에 주목했고, 눈의 윤곽을 강조하기 위해 눈 화장을 아주 진하게 했다. 눈 아래, 위의 꺼풀에는 공작석(孔雀石, malachite) 가루로 만든 녹색 아이라이너를 사용했고, 속눈썹과 눈썹에는 콜, 즉 연광, 안티몬 가루, 태운 아몬드, 황토, 구리 산화물의 반죽에 철, 망간을 혼합한 것으로 검게 칠했다. 안티몬 가루는 페르시아와 소아시아(Asia Minor)에서 전해진 것이었고, 다른 원료들은 지방에서 채취하였다. 콜을 침이나 동물성 유지(油脂)를 이용해서 촉촉하게 갠 다음에 나무 막대기나 상아로 펴 발랐다.

이집트와 그리스의 여인들은 콜로 만든 연필로 양쪽 눈썹을 연결하여 일자로 그렸던 것으로 짐작된다. 그리고 더욱 놀라운 사실은 당시의 이집트에서는 역사상 최초의 아이 글리

터(eye glitter) 역시 사용되고 있었다는 것이다. 무지개 빛깔의 딱정벌레 껍질을 빻아서 아이섀도와 혼합하여 만든 아이 글리터는 남녀가 모두 사용했다.

눈 모양에 따른 아이라이너 그리기

- 작고 동그란 눈

아이라인을 길게 그리는 것보다는 포인트 아이섀도를 눈꼬리보다 더 길게 발라 준 뒤, 아이라인을 눈의 앞부분부터 중간 부분까지 점막을 채운다는 느낌으로 그려주고, 눈을 떴을 때 라인이 말려들어 갈 수 있어서 눈의 3분의 2 지점부터는 라인을 바깥쪽까지 사선으로 눈꼬리보다 더 길게 그려주는 것이 좋다.

- 짙은 쌍꺼풀이 있는 눈

조금만 아이섀도를 칠해도 지나치게 화려해 보이는 두꺼운 쌍꺼풀눈에 과도한 그라데이션까지 더해지면 눈은 자칫 부해 보일 수 있다. 가볍게 베이스를 펴 바르고 베이스보다 조금 짙은 색으로 쌍꺼풀 주위를 펴 바른 뒤, 점막만 채운다는 느낌으로 쌍꺼풀 두께의 절반을 넘지 않게 속눈썹 사이사이만 채운다는 느낌으로 그려주는 것이 좋다. 선한 인상을 원한다면 본인의 피부색에 따라 연한 브라운 컬러나 진한 브라운 컬러의 아이섀도를 이용해 눈 앞부분부터 뒤로 갈수록 음영을 주면 입체감 있는 눈매를 연출할 수 있다.

- 눈두덩이 도톰한 눈

라인이 너무 얇거나 선이 강조된다면 눈이 더 부어 보일 수 있어서 라인이 번진 듯 표현하는 방법이 좋다. 점막을 따라 펜슬 아이라이너로 라인을 얇게 그린 뒤 같은 색상의 파우더 아이섀도를 넓게 펴듯 발라 경계를 자연스럽게 블렌딩해 준다.

홑꺼풀을 가진 사람은 보통 눈두덩 살이 도톰한 경우가 많다. 컬러 아이섀도를 넓게 눈두덩에 펴 은은한 아이 메이크업을 연출하도록 한다. 섀도를 눈두덩 중앙까지 브러시로 좌우로 블렌딩해 바른 뒤, 눈 밑에도 얇게 펴 바른다. 눈썹과 가까운 눈두덩 위쪽은 손으로 펴 발라 그라데이션한다. 눈을 살짝 감은 상태에서 붓펜라이너로 눈동자 중앙부터 끝까지 라인을 그리고, 눈을 뜬 상태에서 눈꼬리를 내려 그린다. 눈을 떴을 때 보이지 않는 눈 앞머리까지 라인을 채워 그리면 섀도 컬러의 맑은 색감을 해칠 수 있으니 주의해야 한다. 워터 프루프 기능이 있는 마스카라로 속눈썹을 강조하여 연출한다.

- 얇은 속 쌍꺼풀이 있는 눈

눈 앞부분부터 뒤쪽까지 선의 두께가 일정하게 일자 느낌으로 그려야 눈매가 또렷해 보일 수 있다. 아이라이너가 잘 번질 수 있으므로 워터 프루프 기능이 있는 아이라이너를 사용한다.

아이라이너 종류

- 펜슬 타입

초보자가 사용하기에 용이하다. 자연스럽게 눈매를 연출할 수 있으나 섬세한 면은 부족하다.

- 붓 타입

섬세하고 명확한 라인을 연출할 수 있으나 자연스러운 눈매가 어울리는 면접자들에게는 권하지 않는다.

- 젤 타입

아이라이너 전용 붓을 사용하여 그리며, 펜슬 타입과 붓 타입의 중간 정도의 연출을 할 수 있다. 초보자도 사용하기에 용이하고 지속력이 오래 간다. 사용 시 뚜껑을 열어 두면 젤이 굳어지게 되므로 사용 시마다 젤이 들어 있는 통을 바닥에 뒤집어 두면 건조해지는 것을 방지할 수 있다.

● 고형 타입

물을 묻혀 아이라이너 전용 붓으로 녹여서 사용하기에 색의 명도를 본인이 조절할 수 있다. 사용 시마다 물이 필요하므로 불편하여 많이 사용되지는 않는다.

(8) 아이 브로우(Eye Brow)

눈썹이 주는 이미지는 첫인상에 중요한 역할을 한다. 그 형태에 따라 다양한 인상을 드러내어 눈매를 더욱 돋보이게 한다. 테크닉을 요구하는 부분이라 정성껏 얼굴에 맞는 눈썹이 되도록 연습해야 한다. 자신의 눈썹 형태를 살려서 그리는 것이 가장 자연스럽다. 굵은 눈썹은 눈이 커 보이고 젊어 보이지만 숱 정리를 하여 강한 인상을 주지 않도록 한다. 지나치게 얇은 눈썹은 나이가 들어 보일 수 있으며 세련되어 보이지 않는다. 숱이 없다고 문신을 하여 짙게 표현하는 것은 자칫 더 강한 인상과 나이가 들어 보일 수 있으므로 주의하도록 한다.

종류는 블랙, 그레이, 브라운으로 분류되며, 자신의 모발 색과 유사한 색상을 사용하는 것이 적합하다. 아이섀도 브러시를 사용하여 내 눈썹과 같은 아이섀도를 지그재그로 가볍게 발라 준 뒤 흑갈색이나 회색의 아이브로우 펜슬을 이용하여 한 올 한 올 형태를 잡아가며 그려 준다. 스크루 브러시(Screw Brush)로 결을 정리해 주고 자연스러운 표현이 되도록 선명한 선들을 펴서 정리해 준다.

눈썹 그리기

눈썹 시작부분은 콧망울 안쪽에서 일직선 부분이다. 눈썹 산은 눈썹 길이의 3분의 2 위치가 이상적이며 선을 이었을 때 눈동자의 바깥 테두리의 일직선 부분이다. 눈썹 꼬리는 콧망울에서 눈썹꼬리를 일직선으로 이어 주었을 때 눈썹과 만나는 부분이다. 눈썹 산을 그릴 때는 아이브로우 브러시(Eyebrow Brush)를 이용하면 자연스럽게 연출할 수 있다. 블랙, 그레이, 브라운의 아이섀도를 엷게 발라주고, 펜으로 한 올 한 올 심듯이 가볍게 터치하며 엷게 그린다.

남자의 눈썹 시작부분은 콧망울 안쪽에서 일직선 부분으로 하며, 눈썹길이가 눈길이보다 짧지 않도록 하고 눈썹 아래 라인은 수평이 되도록 잔털을 제거해 줌으로써 깨끗한 인상을 주게 된다. 과한 눈썹 산도 적당한 높이로 정리해 주는 것이 좋다.

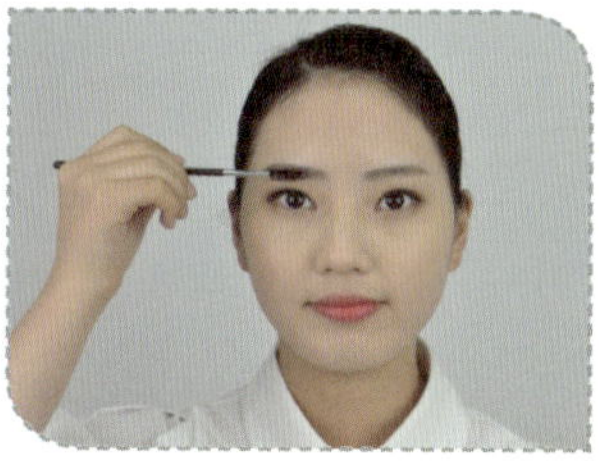

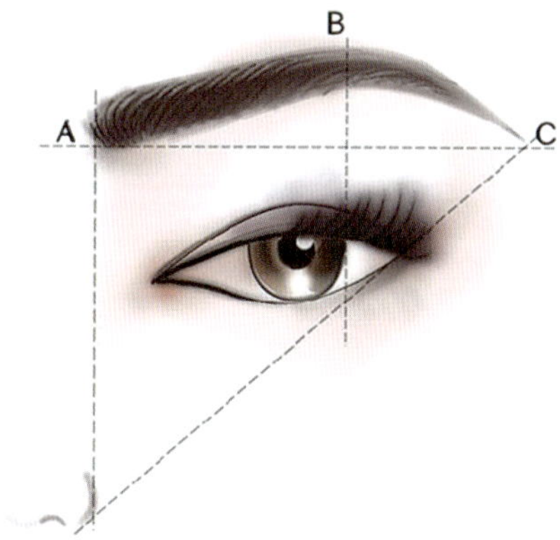

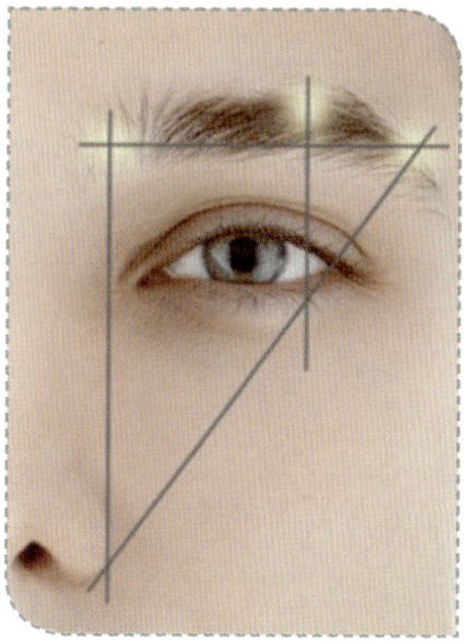

쉬어가기

얼굴형에 따른 눈썹 그리기

동그란 얼굴

볼살이 통통하고 동그란 얼굴은 눈썹 산을 조금 꺾어서 각지게 표현하면 갸름해 보일 수 있다.

각진 얼굴

눈썹 산을 없게 그려야 한다. 강한 인상을 줄 수 있기 때문에 아치형으로 그려 부드러운 느낌을 준다.

긴 얼굴

긴 얼굴은 눈썹 모양을 일자형으로 만들고 끝은 가늘게 빼면 긴 얼굴이 분할되는 느낌으로 얼굴이 길어보인다.

계란형 얼굴

계란형은 어떤 눈썹을 매치하든 다 잘 어울리기 때문에 다양하게 표현 가능하다.

(9) 마스카라(Mascara)

마스카라를 사용하기 전에 아이래시 컬러(Eyelash curler : 속눈썹을 말아 올리는 기구)를 이용하여 속눈썹을 위로 향하게 컬시킨 후에 용도에 따라 마스카라를 바르면 속눈썹이 길어 보이고 숱도 많아 보이면서 컬링 효과로 풍성하고 아름다운 눈매를 연출할 수 있다. 용도별 종류도 다양하지만 색상도 매우 다양하다. 하지만 주로 아이라인의 컬러와 유사한 브라운 컬러나 블랙 컬러를 사용한다. 면접 시에는 블랙 컬러를 하도록 한다. 또한 면접 시에는 인조 속눈썹을 붙여 과한 눈매가 되지 않도록 한다.

마스카라 종류

- **컬링 마스카라** : 처지지 않도록 연출
- **볼륨 마스카라** : 풍성한 눈매를 연출
- **롱래쉬 마스카라** : 섬유질로 길고 깊은 눈매를 연출
- **워터 프루프 마스카라** : 물과 땀에 의해 잘 지워지지 않는 효과가 있음

마스카라 베이스

마스카라를 바르기 전, 속눈썹에 힘을 주기 위해 사용하는 제품으로 베이스를 사용하면 속눈썹에 탄력이 생기면서 마스카라의 발림이 수월해지고, 컬링 효과도 높아진다. 베이스를 바르고 1~2분 정도 말린 후 마스카라를 덧바른다. 속눈썹이 무게를 견디지 못하여 처지게 되므로 베이스와 마스카라 사이에 여유를 두고 사용하는 것이 좋다.

마스카라 고데기

속눈썹에 바른 마스카라 액을 고데기로 건조시켜 속눈썹의 컬 상태를 유지시켜 주며 뭉쳐 있는 마스카라 액상을 녹여 자연스러운 속눈썹을 연출하는 데 사용한다.

(10) 블러셔(Blusher)

자연스러운 혈색 연출로 건강하고 발랄하게 보이게 하며, 얼굴 형태를 살짝 보완해 주는 Make-Up의 마지막 단계이다. 볼에 핑크 계열, 레드 계열, 오렌지 계열, 베이지 계열 등의 빛깔로 얼굴형과 얼굴 형태 등에 따라 결점을 보완하여 연출하는 것으로, 볼터치의 빛깔은 피부색, 립스틱색, 의상색 등에 맞추어 선택한다. 종류는 고형 타입, 크림 타입, 스틱 타입 등 모양과 색이 다양하므로, 적당한 것을 선택하여 사용하는 것이 효과적이다. 립 컬러와 맞춰줘야 한다.

사용 방법

- 브러시에 충분한 양을 묻혀 손등 위에서 색상과 양을 조절한 다음 볼에 자연스럽게 펴 바른다.
- 광대뼈를 중심으로 아래쪽에서 위쪽으로 사선으로 그린다.
- 색이 짙을 때는 파우더로 보완하고 브러시로 털어 준다.

- **고형 타입(Cake Type)** : 전용 브러시를 사용하여 가볍게 두드리듯이 터치하며 바른다.

- **크림 타입(Cream Type)** : 제품 본연의 색을 잘 표현해 주고 촉촉한 피부에 사용할 수 있기에 파우더를 바르기 전에 사용한다. 수정이 필요하면 파운데이션을 덧바르고 다시 연출할 수 있다.

- **스틱 타입(Stick Type)** : 부드러운 퍼프를 터치하면 내재되어 있던 가루 타입의 색조 분가루가 발라지는 형태로 사용이 용이하여 휴대용으로 적합하다.

(11) 립 컬러(Lip Color)

다양한 컬러와 기능이 함유된 제품들이 있으며, 립 브러시를 사용하면 깔끔하고 정돈 된 입술을 연출할 수 있다. 사용 시 의상과 아이섀도 색상을 조화시켜 바르도록 해야 하며 유니폼에는 대체로 밝은 붉은 색상이 무난하다.

❶ **립 스틱(Lip Stick)** : 다양한 컬러와 질감이 있으며 스틱 타입으로 립 브러시를 사용하여 바른다.

❷ **립 글로스(Lip Gloss)** : 묽은 액상타입으로 유·수분을 더하여 자연스러운 입술 표현과 촉촉한 느낌을 연출할 수 있다. 지속력이 약하다.

❸ **립 틴트(Lip Tint)** : 제품 본연의 색을 잘 표현해 주고 지속력이 매우 높다.

❹ **립 밤(Lip Balm)** : 입술에 유·수분을 더하여 건조해지는 것을 막아주며 영양을 공급하고 입술을 보호해 준다.

❺ **립 라이너 펜슬(Lip Liner Pencil)** : 입술선의 윤곽을 더욱 뚜렷이 나타내고 입체감의 효과를 줄 수 있으며, 색을 섞어 바르면 세련된 분위기를 연출할 수 있다. 립 컬러보다 과도하게 진하게 그리는 것은 보기 좋지 않다. 누드 립 라이너로 그리면 자연스럽고 립 컬러가 번지는 것을 막아준다.

쉬어가기

투명 메이크업 TIP

내 피부색보다 한 톤 밝은 리퀴드 타입의 파운데이션을 얼굴 전체에 손이나 퍼프를 이용해 두드리면서 발라 밀착도를 높인다. 양은 콩알 크기 정도가 적당하다. 파우더는 거의 쓰지 않고 번들거림만 막아주고, 깨끗하며 자연스러운 예쁜 피부를 돋보이게 하는 것이 좋다.

아이섀도는 핑크나 피치 컬러 정도의 최대한 옅은 섀도를 가볍게 터치하듯 발라 준다. 쌍꺼풀 라인에만 살짝 발라 쌍꺼풀 라인을 좀 더 선명하게 해 주고, 속눈썹이 길고 위로 올라가도록 정성을 다해 표현한다. 입술 본연의 색이 진하다면 컬러가 들어간 립 스틱이나 립 글로스는 사용하지 않고 딸기나 체리 립 밤 정도만 발라 촉촉한 느낌만 연출하는 것이 좋고, 입술색이 연하다면 립 글로스 대신 윤기 있는 립스틱 정도만 사용한다. 그리고 평소에 주 2~3회 각질 제거와 팩을 하여 건강한 피부를 만드는 것이 중요하다.

Make-Up 연출 시 주의 사항

❶ 피부색보다 과하게 밝은 파운데이션 연출과 짙은 색조화장은 삼가도록 한다.
❷ 화장하지 않은 맨 얼굴도 삼가도록 한다.
❸ 과한 펄 아이섀도로 연출하는 것과 눈꼬리를 과하게 그리는 것은 피한다.
❹ 얼굴과 목의 색이 확연히 차이가 나 경계가 생기지 않도록 자연스럽게 이어준다.
❺ 마스카라가 뭉쳐 부자연스럽지 않도록 적당하게 발라주고, 마스카라 고데기를 사용하여 뭉친 마스카라를 녹여 주고 컬링하여 더 매력적이고 자연스러운 속눈썹으로 연출한다.
❻ 블러셔는 살짝만 터치하여 자연스러워야 한다. 과한 붉은색 표현과 얼굴 윤곽보완은 거부감을 줄 수 있다.
❼ 나와 어울리는 색으로 복장과 조화를 이룬다면 더 세련미를 주게 된다.

생각해 봅시다

1. 나의 피부 유형에 따른 관리방법을 기술해 보자.

2. 클렌징과 세안순서에 대해 기술해 보자.

생각해 봅시다

3. 피부 타입별 클렌징을 기술해 보자.

① 건성 피부

② 지성 피부

③ 민감성 피부

4. 얼굴 기초 제품 바르는 순서를 작성해 보자.

생각해 봅시다

5. 남성 기초 메이크업에 대해 기술해 보자.

6. 나에게 어울리는 색조 화장을 해 보자.

MEMO

감사는 나를 행복하게 합니다.

신선한 바람이 공기 중의 연기를 말끔히 걷어가듯이
감사하는 마음은 절망의 구름을 순식간에 없애버린다.
나는 남과 비교하지 않겠다.
나는 지금 이 순간 행복한 사람이다.
이런 감사하는 마음에는 절망의 씨앗이 들어설 자리가 없다.

– 앤디 앤드루스(이종인 옮김. 2003) '폰더씨의 위대한 하루' 세종서적

Chapter

10

성공적인 옷차림

Chapter 10

성공적인 옷차림

학습목표

- 나의 체형을 진단하여 문제점 보완에 대해 학습한다.
- 여성과 남성의 성공적인 옷차림 코디네이션에 대해 학습한다.
- 액세서리 활용방법에 대해 학습한다.
- 면접에 적합한 코디네이션에 대해 학습한다.

1 나의 체형 진단

2점	그렇다
1점	보통이다
0점	아니다

체형 진단 A 유형

1. 셔츠 남방을 입으면 맨 위 단추를 잠그면 답답하다.
2. 가슴 사이즈 때문에 셔츠를 입을 수가 없다.
3. 팔이 굵어서 짧은 소매 입기를 꺼려한다.
4. 정장 재킷은 꽉 끼고 불편하여 잘 안 입는다.
5. 윗옷은 허리라인을 가리는 스타일을 선호한다.
6. 재킷 단추를 잠그기가 어려워 푸는 것이 편하다.

체형 진단 B 유형

1. 하의 복장은 엉덩이 사이즈에 맞추면 허리가 느슨하다.
2. 바지보다 스커트가 잘 어울려 롱스커트를 선호한다.
3. 윗옷은 엉덩이를 가리는 스타일을 선호한다.
4. 종아리가 굵어서 타이트한 스타일은 선호하지 않는다.
5. 허벅지가 전체 체형에 비해 굵은 편이다.
6. 옷을 고를 때에 상의보다 하의선택에 더 신중을 기한다.

체형 진단 C 유형

1. 상대적으로 어깨가 좁아 머리가 커 보인다.
2. 허벅지 길이가 길고 종아리가 짧은 편이다.
3. 앉은키가 큰 편이다.
4. 다리가 짧아 보여서 고민이다.
5. 어깨가 좁아 재킷이 어울리지 않는다.
6. 평균보다 팔이 길거나 짧다.

체형 진단 D 유형

1. 옷을 구매하는 것이 너무 어렵다.
2. 복장에 신경 쓰고 스타일에 대하여 고민하는 시간이 아깝다.
3. 내 사이즈를 정확히 모른다.
4. 나에게 잘 어울리는 것이 어떤 것인지 판단하기 어려워 타인이 권하는 것을 구매한다.
5. 특별히 좋아하는 옷 스타일이 없고 어느 색이 잘 어울리는지 모르겠다.
6. 나의 체형문제점을 잘 모르겠다.

진단 결과

체형 진단 A, B, C, D 유형에서 각각 점수를 더하여 점수가 높은 유형이 나의 문제유형이다.

- A유형 : 상체 문제형
- B유형 : 하체 문제형
- C유형 : 비율 문제형
- D유형 : 감각 문제형

2 체형별 코디네이션

1) 상체 문제형

(1) 목이 가늘고 긴형

- 목걸이와 귀걸이는 크고 화려한 것을 하여 시선을 분산시킨다.
- 목걸이 길이가 길게 늘어지면 목이 더 길어 보이므로 목선에 맞는 라운드형이 적합하다.
- 라운드형 이너웨어보다는 셔츠를 입는 것이 좋으며, 목선이 드러나는 옷을 입을 때는 스카프나 머플러로 목을 가려 주고 재킷에 브로치로 악센트를 주어 화려하게 연출한다.
- 터틀넥(turtleneck) 니트웨어나 목선까지 올라오는 하이칼라 셔츠를 입는다.
- 눈 화장보다는 입술화장에 포인트를 주고 화려한 색으로 메이크업한다.

(2) 목이 굵고 짧은 형

- 목걸이와 귀걸이 두 가지를 동시에 하지 않도록 하여 목선이 복잡해 보이지 않도록 한다. 오픈된 상의에 긴 목걸이를 이용하는 것도 좋은 방법이다.
- 카디건과 같은 앞트임의 상의가 좋고 깊이 파인 V네크나 U네크라인을 이용하여 답답한 분위기가 되지 않도록 하며, 턱밑에서 가슴 선까지를 시원스럽게 연출하는 것이 포인트이다.
- 상의는 실크, 울, 레이온 등 부드러운 질감을 이용하고 피부색에 가까운 파스텔 톤이나 여린 색상으로 상의를 입도록 한다.
- 파운데이션이 얼굴에서 목까지 이어지도록 펴 바르고, 눈 화장에 포인트를 주며 입술색은 연한 색으로 표현하여 시선을 위로 올리는 자연스러운 화장이 어울린다.

- 헤어스타일은 짧은 숏 컷을 하되 부풀리지 않고 붙이도록 한다. 롱 헤어스타일을 원할 때는 포니테일로 뒤로 완전히 빗어 넘기는 스타일로 한다.

(3) 버스트(Bust)가 큰 체형

- 뾰족해서 날카로운 인상을 주기 쉬운 액세서리는 피하도록 하고 화려하게 번쩍이는 것도 정돈된 이미지를 깨뜨리므로 피한다. 전체적으로 곡선처리가 되어 산뜻하면서도 깔끔하게 포인트를 줄 만한 것이 무난하다.
- 디자인이 심플한 슈트나 원피스를 입는다.
- 옷의 소재는 차고 딱딱한 느낌을 주는 한편 니트 같은 것이 무난하다.
- 디자인은 너무 직선적이거나 모던한 것은 피하고 귀여움이 느껴지게 곡선 처리한 것이 효과적이다. 정돈된 부드러운 곡선으로 여성의 섹시한 매력을 돋보이게 할 수 있다.
- 상의를 고를 때 특히 신중해야 하는 체형인데, V네크나 일직선 또는 곡선 처리한 앞트임의 옷이 적당하다.
- 가슴 부분에 아웃포켓이 있거나 볼륨감이 느껴지는 주름이 들어간 셔츠나 블라우스, 재킷은 산만하고 지적인 분위기를 잃게 하므로 피하는 것이 좋다.
- 여름이라 하더라도 가슴 부분에서 끝나는 반소매는 피하도록 하고 8부 소매로 가는 부분을 노출하는 것이 좋다.
- 피부색에 관계없이 상의 색상은 짙고 어두운 색상으로 검은색, 와인색, 카키색, 짙은 회색 등의 색상을 선택하면 안정되게 정리되면서 지적인 이미지를 떠올려 주는 효과가 있다.
- 피부색이 희다면 얼굴 화장은 약간 어두운 듯이 하여 차분한 이미지를 강조하고, 붉은 계열의 볼터치는 피하는 것이 좋다.
- 헤어스타일은 부드럽게 웨이브가 있으면 자연스럽기도 하고 딱딱해 보이지 않아 좋다. 그러나 몸매가 주는 산만한 느낌을 커버하려면 웨이브가 적당해야 한다.

(4) 버스트가 작은 체형

- 시폰(Chiffon)소재로 러플, 개더, 플리츠 같이 가슴 부분에 장식된 상의를 입는다.
- 가슴 부분에 파도 모양의 주름이 들어간 블라우스로 귀엽고 발랄한 이미지를 강조하여 상큼함 이미지를 연출하는 것이 좋다.
- 디테일(러플, 개더, 플리츠)을 살린 옷이라면 너무 헐렁하게 입는 것은 피하고 몸에 적당히 달라붙으면서 전체적인 라인은 심플한 것이 좋다.
- 가슴 선에 커팅선이 있고 잔잔한 주름이 들어간 엠파이어 라인의 원피스를 입는다면 도트무늬가 들어간 옷을 입는 것보다 훨씬 효과적이다.
- 속옷을 선택할 때는 캡과 와이어가 있는 것을 선택하면 버스트를 보완할 수 있다.
- 헤어스타일은 풍성한 웨이브의 컬이 있는 긴 헤어스타일로 분위기를 낸다. 경쾌한 짧은 헤어스타일보다는 긴 헤어스타일이 부드러운 분위기를 더해 주며 여성의 성숙한 매력을 표현하기에 적합하다.
- 시력이 좋지 않은 사람이라도 안경을 쓰는 것보다는 콘택트렌즈를 이용하는 것이 자칫 딱딱해지기 쉬운 인상을 부드럽게 유지할 수 있다.
- 화장은 너무 진하지 않게, 핑크 계열의 파스텔 톤으로 은은하게 표현하고, 붉은 계열의 볼터치로 발랄함을 강조한다.

(5) 팔이 가는 체형

- 소맷부리가 퍼프모양과 벨 모양으로 부풀려져 여유 있는 형태가 적합하다.
- 세로무늬는 팔이 더 가늘어 보일 수 있으므로, 수평적인 디자인이 좋다.

(6) 팔이 굵은 체형

- 소매길이가 7~8부가 적합하다.
- 소매가 넓은 디자인으로 팔의 형태를 가려 주는 것이 좋다.

2) 하체 문제형

(1) 힙(Hip)이 작은 경우

체크무늬나 부피감이 있는 소재로 된 밝은 색상의 바지가 좋으며, 스커트는 A라인이 적합하다.

(2) 힙이 큰 경우

무늬가 있다면 작은 무늬의 하의를 선택하고, 어두운 단색을 하의로 선택하였다면 상의는 좀 더 밝은 색상으로 선택하여 의상 중 어느 한 부분에만 포인트를 준다. 체크무늬나 주름이 들어간 스커트는 힙을 강조하므로 피하는 것이 좋다.

(3) 종아리가 굵은 경우

A라인 스커트가 적합하며, 기장은 종아리를 덮는 정도의 기장이 좋다. 스타킹은 중간 명도와 채도로 재질은 부드러운 것이 좋으며, 두께는 중간 정도가 적합하다.

(4) 허벅지가 굵은 경우

롱 플레어스커트가 적합하며, 통이 너무 넓거나 너무 타이트한 바지는 삼간다. 적당히 여유가 있는 슬림 라인의 바지가 좋으며, 짙은 단색이 좀 더 날씬해 보이는 효과가 있다.

3) 비율 문제형

신체에도 완벽한 신체 사이즈인 황금비율이 있다. 옷맵시가 돋보이며, 매력적으로 보이기도 한다. 그러나 완벽할 수 없으므로 옷이나 구두 등으로 보완하여 좀 더 매력적으로 보이게 할 수 있으므로 황금비율에 가깝게 맵시를 내보도록 한다.

신체의 황금비율

- **머리에서 발끝 :** 키/머리길이 = 8
- **상체 :** 턱~허리 = 머리길이 × 2
- **밑 위 길이 :** 밑 위 길이 = 머리길이
- **다리 :** 밑 위~바닥 = 머리길이 × 4

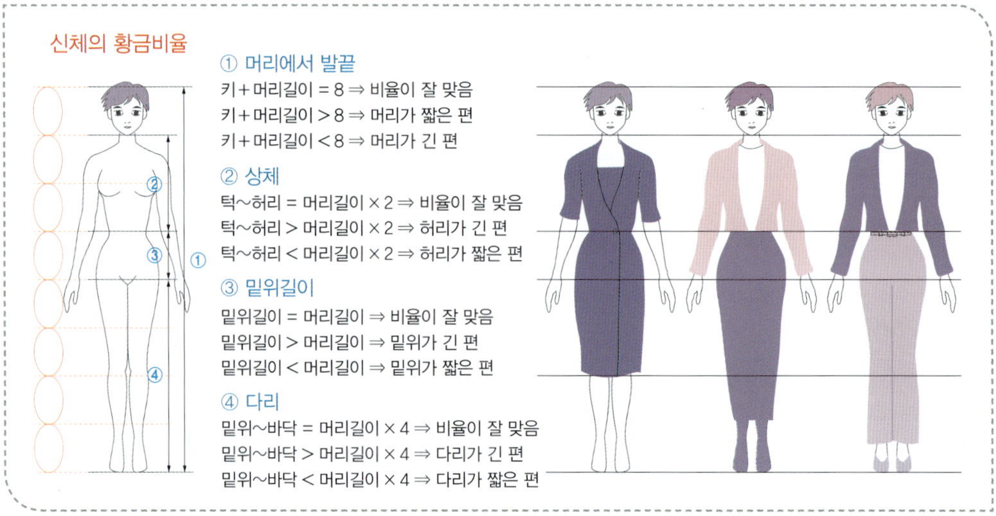

출처 : 끌리는 사람이 되기 위한 이미지 컨설팅

상체와 하체 비율이 3:5로 보이게 상의 2, 하의가 3 또는 3:2의 비율로 입으면 하체가 길어 보이는 효과가 있다. 또한 옷으로 가린 부분이 5가 되고, 얼굴, 종아리, 발 부분이 3이 되도록 치마 길이를 선택한다.

4) 감각 문제형

- 액세서리나 머플러를 활용한다.
- 목걸이는 단순한 디자인을 선택하고, 길게 늘어뜨린 것은 하지 않는다.

- 목이 굵으면 짧은 목걸이는 하지 않도록 한다.
- 귀걸이는 과하지 않는 것으로 작은 사이즈로 귀에 달라붙는 정도가 적합하다.
- 구두는 스커트나 바지와 어울리는 중간색이거나 어두운 색이 적합하다.
- 스타킹은 블랙이나 커피색 등 무난한 색을 착용한다.
- 핸드백이나 가방은 복장과 유사한 색이나 밝은 색으로 연출하도록 한다.
- 활동적인 이미지를 연출하고 싶다면 커트나 단발이 효과적이고, 깔끔하고 단정한 이미지를 연출하고 싶다면 긴 생머리나 묶음머리가 효과적이다.
- Make-up은 자연스러운 것이 좋으며, 피부색은 밝게 아이섀도는 연한 핑크나 브라운이 좋으며, 과한 펄은 삼가하는 것이 좋다. 립스틱은 눈 화장과 같은 계열의 색으로 화사하게 표현한다.

Balance Point

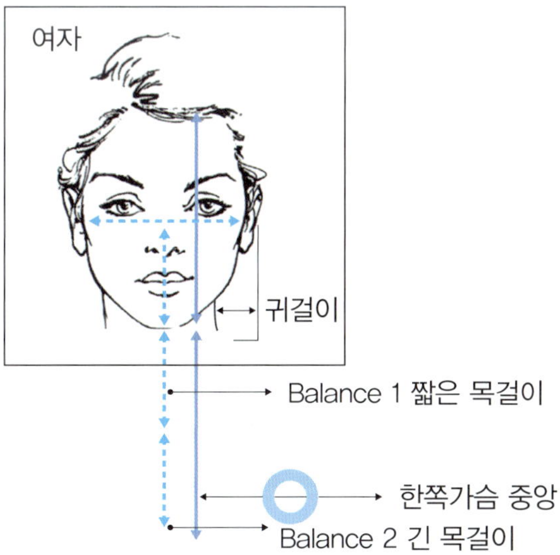

3 여성의 성공적인 스타일 코디네이션

1) 헤어

- 헤어스타일은 커트일 경우 컬을 드라이로 다 펴주고, 앞머리 부분이 이마가 3분의 2가 보이도록 하여 단정하게 드라이로 세우고 스프레이로 고정시킨다.
- 단발은 기장이 재킷을 덮지 않도록 하며 안으로 말아 삐져나오는 것이 없도록 드라이해 준다. 앞머리 또한 이마를 덮지 않도록 세우고 스프레이로 고정한다.
- 긴 머리는 포니테일로 묶거나 올림머리를 하되 잔머리가 나오지 않도록 깔끔하게 정돈한다.
- 지나친 파마나 염색은 삼가도록 한다.

2) 복장

- 튀는 컬러나 번쩍이는 소재는 적합하지 않으며, 지나친 노출과 속이 비치는 소재는 삼가도록 한다.
- 너무 짧은 치마는 적합하지 않다.
- 옷 전체에 들어가는 색상 이너웨어, 상의, 하의, 구두 등의 색이 세 가지를 넘지 않도록 한다.

3) 스타킹

- 커피색이나 살색이 무난하며, 올이 터졌을 때를 대비하여 항상 여유분을 가지고 있도록 한다.

- 헐렁하여 발목 부분에 주름이 잡히지 않도록 한다.
- 바지를 입을 때 발목 스타킹은 적합하지 않다.
- 겨울에 검정이나 두꺼운 소재를 착용 시에는 중간 정도의 두께와 약간의 무늬가 있으면 세련되어 보인다.

4) 구두

- 구두는 앞이 막힌 펌프스 형이 적합하며, 굽은 5~7cm가 좋다.
- 낮은 샌들은 적합하지 않다.
- 의상과 조화를 이루고 핸드백 색상과 통일하는 것이 세련되어 보인다.
- 청결하게 유지하고, 굽은 쇠 소리가 나기 전에 교체하도록 한다.

5) 액세서리

- 너무 화려한 것보다는 심플한 디자인으로 연출하는 것이 좋다.
- 작은 사이즈로 포인트만 주도록 한다.
- 캐릭터 시계는 삼가는 것이 좋다.
- 핸드백 또한 명품보다는 적절한 가격의 복장과 어울리는 것을 선택하는 것이 좋다.
- 스카프나 브로치를 활용하는 것은 다양하게 멋진 효과를 연출할 수 있다.

4 남성의 성공적인 스타일 코디네이션

1) 슈트

- 색상은 다크 네이비(Dark navy)나 감색(Navy blue : 검은빛을 띤 어두운 남색)이 적당하다.
- 청색계열은 성공지향적인 색으로 연령과 상관없는 기본 슈트이다.
- 청색계열은 깔끔한 인상을 주기도 하지만 차가운 이미지로 연출되기도 한다.
- 회색계열은 자신감이 있어 보이기는 하나 자칫 나이가 들어 보일 수 있다.
- 검정계열은 권위를 상징하는 색이며 완전 검은색은 피하도록 한다.
- 갈색이나 카키색 또한 삼가도록 한다.
- 2버튼이나 4버튼보다는 3버튼 슈트가 좋다.
- 몸에 지나치게 달라붙거나 광택이 많이 나는 소재(울 실크)는 피하는 것이 좋다.
- 조끼를 같이 입으면 깔끔한 인상과 단정하고 성실한 이미지를 연출할 수 있다.
- 잔잔한 무늬의 양복에 화려한 색상의 고급스러운 넥타이를 매면 멋스러움을 더 할 수 있다.

2) 드레스 셔츠

- 흰색이 제일 보편적이고 무난하나 넥타이 색에 따라 어울리는 색을 조화시킨다.
- 화려한 무늬나 디자인은 자칫 산만하게 보일 수 있으므로 삼가는 것이 좋다.
- 반팔셔츠는 비즈니스 복장이 아니므로 삼가도록 한다.
- 셔츠 목둘레는 목젖 아래로 해서 재어야 하며 손가락 두 개(검지, 중지) 정도 들어갈 약간의 여유를 두면 답답하지도 않고 보기도 좋다.
- 단추는 복 부분까지 꼭 여미도록 한다.

- 소매 길이는 양복 소매 밖으로 1~2cm 정도 나오는 것이 적당하다.
- 목 부분과 소매 끝부분을 항상 청결하도록 관리한다.
- 셔츠 안의 속옷은 흰색으로 무늬가 없는 것으로 선택한다.
- 화려한 단추나 커프스 착용은 T. P. O에 맞게 선택한다.

목 둘레

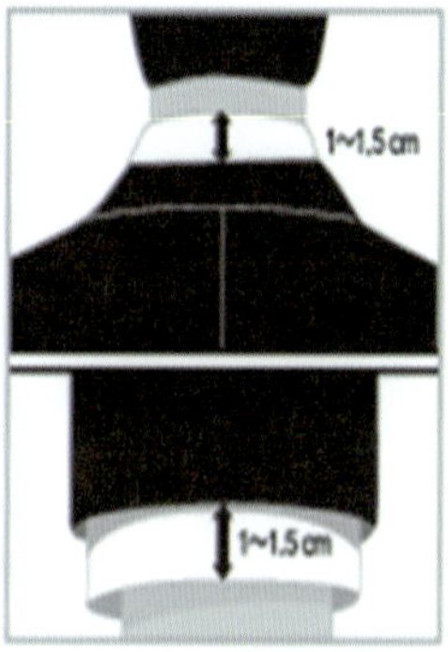

카라와 소매끝 길이

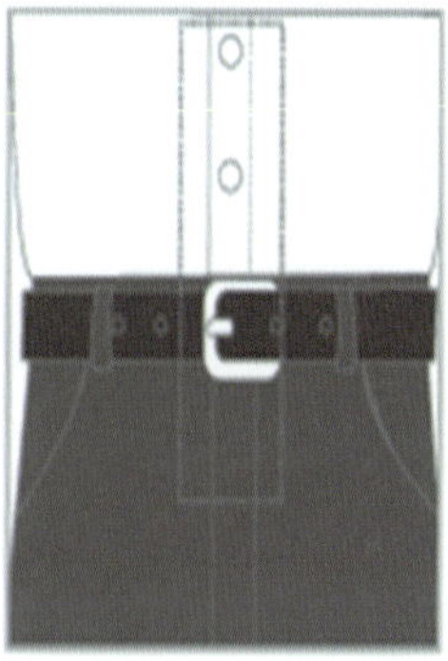
앞 중심

3) 타이

- 넥타이를 센스 있게 코디하기 위해서는 타이의 길이와 너비를 고려해야 한다.
- 넥타이 길이는 벨트 버클의 3분의 1 정도가 오게 매도록 한다. 너무 길거나 짧지 않도록 주의한다.
- 안쪽 넥타이가 바깥쪽 넥타이의 길이보다 길지 않도록 맨다.
- 벨트와 서스펜더를 동시에 착용하지 않는다.
- 매듭이 중앙에 오도록 하고 타이의 폭은 정장 라펠 넓이에 맞춘다.
- 색상은 양복과 같은 계열을 선택하거나 보색계열이 좋다.
- 드레스 셔츠에 맞게 넥타이를 매치하기 어려운 경우엔 톤온톤(tone on tone)으로 같은 계열을 선택하거나 보색대비를 하는 것이 좋다.
- 넥타이 무늬의 색깔 중 한 가지와 같은 드레스셔츠를 입으면 멋스럽다.
- 드레스 셔츠와 넥타이 모두 스트라이프 또는 물방울이나 페이즐리, 꽃무늬 등을 매치하는 것은 좋은 선택이 아니다.

쉬어가기

라펠(Lapel)

코트나 재킷의 앞 몸판이 깃과 하나로 이어져 접어 젖혀진 부분. 슈트 상의 깃

(참고 : 패션 전문 자료사전)

서스펜더(Suspender)

- 스커트나 바지가 흘러내리지 않도록 하는 멜빵
- 주로 탄력성이 있는 길이가 조정되는 가느다란 끈이 등에서 교차하여 어깨로 이어져, 바지가 흘러내리지 않도록 고정해 주는 것

쉬어가기

톤온톤(tone on tone)

동일 색상으로 톤이 다른 배색 상태를 말한다. 소위 동계 배색이란 것을 뜻한다.

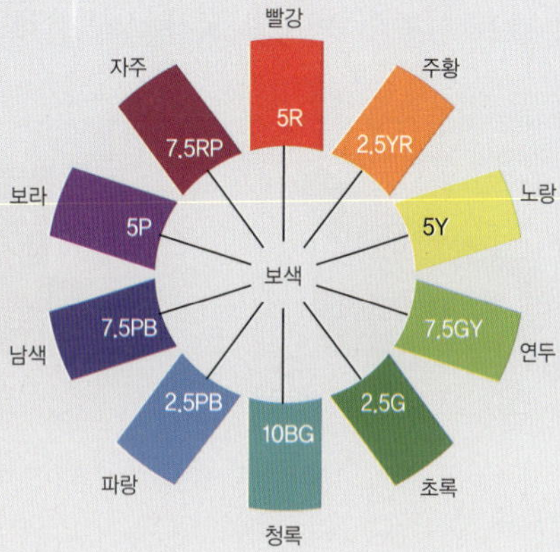

(참고 : 패션 전문 자료사전)

타이의 패턴

- 사선 : 가장 샤프하고 똑똑한 이미지
- 솔리드 : 깔끔한 인상을 주고, 비즈니스와 모임에 모두 적합
- 페이즐리, 도트 : 저녁 모임 등의 이벤트에 적합하고, 비즈니스에는 부적당

4) 벨트

- 벨트는 비조버클벨트가 적합하며, 요란한 버클 장식은 삼가도록 한다.
- 앞이 막혀 있는 자동버클보다는 비조버클벨트 착용을 권장한다.
- 색상은 슈트나 구두 색상과 동색이나 전체적으로 튀지 않도록 한다.

비조버클벨트

5) 양말

- 검정계열이나 짙은 청색계열이 적합하고 바지나 구두 중 색이 진한 쪽으로 선택한다.
- 목이 짧은 양말은 착용하지 않는다.
- 슈트에 흰색 양말은 적합하지 않다.

6) 구두

- 반드시 청결한 상태에서 잘 손질된 정장용 구두를 착용한다.
- 굽이 많이 닳아 있는 것은 신지 않는다.
- 양복의 색상과 유사한 것이 좋으며, 검정 구두가 무난하다.
- 구두의 뒤축이 구겨지지 않도록 구두헤라를 이용한다.
- 두 켤레를 구비하여 번갈아 신으면 깨끗하게 오래도록 신을 수 있다.

넥타이 매는 법

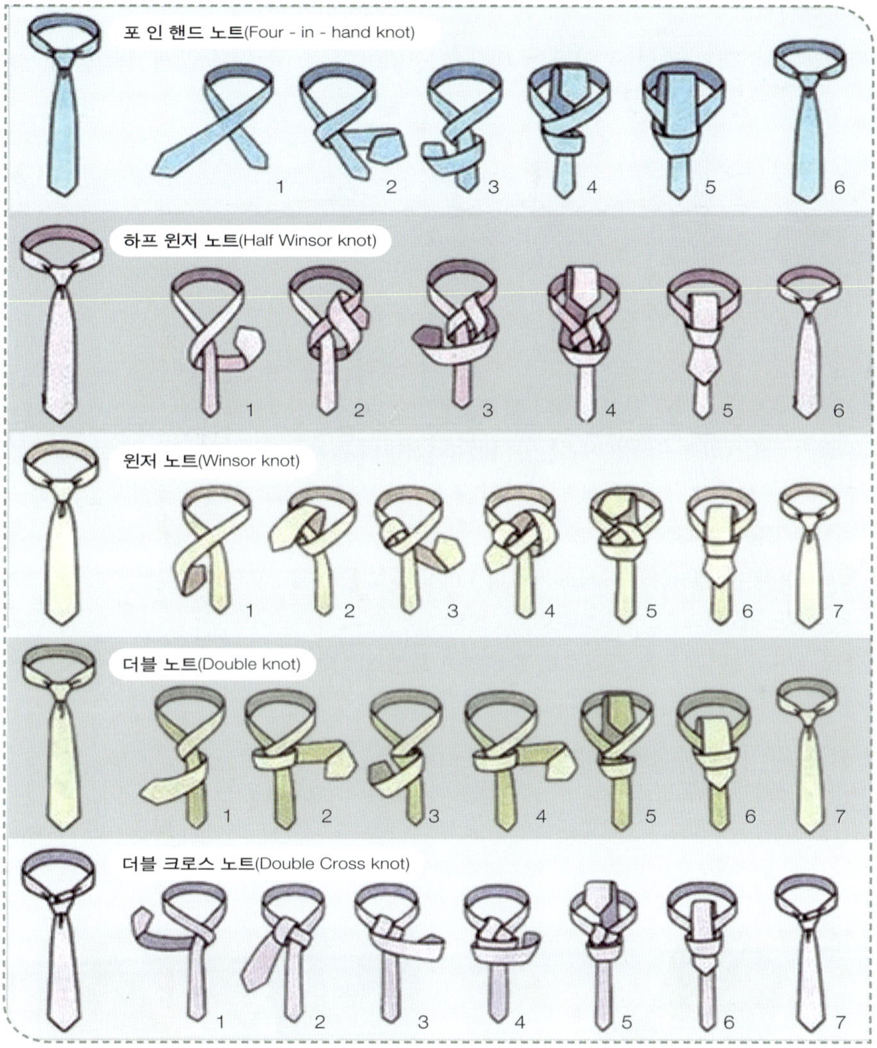

정장 착용의 원칙

- 재킷 소매의 길이는 양손을 아래로 내렸을 때 소매 자락이 살짝 잡히는 정도가 적당하다.
- 바지길이는 구두 윗면을 덮을 정도가 적당하며 뒤 굽이 덮지 않도록 해야 한다.
- 재킷길이는 엉덩이 부분을 완전히 가리는 정도가 적당하다.

- 재킷단추가 2버튼인 경우 위 단추만 잠그고, 3버튼인 경우 위에서 두 개 또는 가운데 단추만 잠근다.
- 색상은 피부색과 조화를 이루는 색으로 선택하되, T. P. O에 맞게 선택한다.

쉬어가기

남성 복장 코디네이션 TIP

- 감청색 슈트는 품위가 있고 누구나 잘 어울린다.
- 슈트가 감청색이면 드레스 셔츠는 흰 바탕에 하늘색 줄이 있다면 넥타이는 빨간색으로 선택한다. 이렇듯 슈트, 드레스 셔츠, 넥타이 중 둘을 단색으로 하고 하나는 패턴이 있는 것을 선택하는 것을 권한다.
- 양복이 어두운 컬러이면 드레스 셔츠나 넥타이를 밝은 색을 선택하는 악센트 컬러로 조화시키는 것도 좋다.
- 신입사원이라면 슈트는 단색으로 준비하여 드레스 셔츠와 넥타이로 다양하게 연출하도록 한다.
- 드레스 셔츠 컬러는 아주 엷은 피치색, 하늘색, 미색, 분홍색 등으로 멋을 낸다.
- 넥타이 패턴은 슈트와 드레스 셔츠에 있는 색이 넥타이 컬러에 있는 것을 맨다.

T. P. O란? (참조 : 패션전문자료사전)

Time, Place, Occasion의 머리글자로, 옷을 입을 때의 기본원칙을 나타낸다. 즉 옷은 시간, 장소, 상황에 따라 착용해야 한다는 점을 강조하기 위해 나온 말이다

얼굴 유형에 어울리는 옷깃 선택

나의 얼굴형에 어울리는 옷깃을 알아두면 블라우스나 재킷을 선택할 때 유리하다. 목이 짧고 굵은 편이라면 네크라인이 시원하게 파인 것을 입으면 좋으며, 상의는 심플한 디자인을 선택하여 행커치프나 코사지로 시선이 다른 곳으로 가도록 연출한다.

- **둥근 얼굴형** : 얼굴이 동그랗고 큰 사람은 V자형의 네크라인이 적합하고, 또는 하이넥 스타일로 입거나 사각형의 네크라인 스타일이 어울린다.
- **긴 얼굴형** : 어떠한 스타일도 잘 어울리는 얼굴형이다. 목 디자인을 올린 롤 옷깃 스타일은 더욱 세련미를 연출할 수 있고, V자형의 네크라인은 멋스러움을 표현할 수 있다.
- **삼각형 얼굴** : 삼각형 얼굴은 목 부분을 시원하게 파서 입는 것이 좋으며, 역삼각형의 얼굴은 이마가 넓고 턱이 가늘어 샤프해 보이므로 둥글고 여성스럽게 보이는 옷깃이 적합하다.
- **사각형 얼굴** : 여성스럽고 부드러운 디자인이 적합하며, 네크라인을 파서 입는 것이 좋다. 그러나 사각으로 된 네크라인은 피해야 한다.

쉬어가기

용모의 기본 점검

1. 복장의 상태는 늘 청결하고 구겨짐이 없어야 한다.
2. 헤어는 깨끗한 상태를 유지하여 악취가 나지 않도록 해야 한다.
3. 검은 재킷에 비듬이 있는지를 확인하고 비듬이 많이 생긴다면 두피관리를 하고 늘 재킷 상태를 점검하고 털어 준다.
4. 유니폼을 착용하고 근무한다면 하얀 깃 부분과 소매가 항상 깨끗한지 체크한다.
5. 유니폼의 다림질 상태를 확인한다.
6. 유니폼에 어울리는 메이크업과 헤어를 하도록 한다.
7. 과한 액세서리는 삼간다.
8. 손톱은 청결하게 하고 짧게 깎고, 긴 경우에는 연한 핑크 계열을 바르거나 단정하게 정리한다.
9. 음식을 먹은 후에는 반드시 양치질을 한다.
10. 남성의 경우 면도를 깨끗이 한다.
11. 넥타이나 윗옷, 소매 끝에 음식물이 묻지 않도록 주의한다.
12. 구두는 항상 청결하게 닦고, 굽이 닳아 소리가 나기 전에 교체한다.
13. 향이 짙은 향수는 삼가도록 한다.
14. 손수건을 소지하는 습관을 들인다.

쉬어가기

체형별 면접 코디

❶ 키와 체격이 큰 남성

몸에 꽉 끼는 스타일의 옷을 착용하면 오히려 체형을 강조하게 되므로 약간 여유가 있는 슈트를 선택하는 것이 좋다. 시각적 효과를 높이기 위해 짙고 어두운 다크네이비를 선택하는 것이 바람직하다.

❷ 키가 작고 체격이 좋은 남성

줄무늬를 이용해 키를 커 보이게 하거나 전체적으로 포인트를 위쪽으로 두어 키가 커 보이도록 하는 효과를 줄 수 있다. 색상은 밝은 색보다는 중간 색조의 갈색이나 회색이 적당하며 베이지 컬러도 괜찮은 편이다.

❸ 키 크고 마른 남성

어느 옷이든 잘 어울리는 편이지만 너무 마른 체형은 등이 구부정한 자세가 되기 쉽고 신경질적인 인상을 줄 수 있어 전체적으로 부드럽고 여유 있는 분위기로 연출하는 것이 좋다. 색상은 팽창되어 보이는 밝은 갈색, 회색 정도가 무난하며, 1버튼의 상의보다는 2버튼의 상의로 넉넉함을 주도록 하자.

❹ 키가 작고 마른 남성

스트라이프 무늬가 있는 슈트가 키를 커 보이게 하고, 색상은 밝은 브라운이나 카멜컬러, 라이트 그레이가 잘 어울린다.

생각해 봅시다

1. 나의 체형 문제점에 따른 코디네이션을 해 보자.

2. 나에게 적합한 성공적인 스타일에 대한 코디네이션을 해 보자.

✔ 여성

- 헤어

- 복장

- 스타킹

생각해 봅시다

- 구두

- 액세서리

남성

- 헤어

- 슈트

- 드레스 셔츠

- 타이

- 구두

Image Making Check List

이름		학번				반
요소	주안점	1	2	3	4	점수
표정	1. 밝은 표정인가?					
	2. 환한 미소를 짓고 있는가?					
미소	3. 미소를 유지하고 있는가?					
인사	4. 바른 자세인가?					
	5. 자신감 있는 음성인가?					
목소리	6. 발음이 정확한가?					
	7. 목소리가 적합한가?					
Make-Up	8. 눈 화장					
	9. 아이라이너					
	10. 눈썹					
	11. 입술 색					
	12. 볼터치					
Hair-Do	13. 번 모양, 위치, 상태					
	14. 깨끗하게 정리 되어 있는가?					
복장	15. 적합성					
	16. 컬러 어울림					
	17. 깨끗하고 구김이 없는가?					
구두	18. 청결 상태					
	19. 적합한 색 선정					
태도	20. 적극적이고 올바른 자세					
손톱	21. 색 선정과 발림이 깔끔한가?					
개선 사항					합계	

MEMO

3초의 미학

유창한 말솜씨도 많은 말도 필요하지 않다.
3초간의 여유만 있으면 된다.
기적을 만들어 주는 3초간의 여유, 3초 안에 어필하지 못하면 상대방에게 기억될 수 없다.

1. 인사 할 때 허리를 굽혀 3초간 지속한다.

상황과 경우에 따라 인사하는 사람의 마음을 정중하게 표현하는 것이 더 중요하다. 가벼운 느낌이 들지 않게 3초간 정지했다가 천천히 상체를 올리면서 잠깐 상대방의 눈을 바라보면, 정말 상대방에 대한 경의의 마음이 정중하게 표현된다.

2. 물건이나 위치를 지시할 때 3초만 정지해 보라.

지시 동작을 나타낼 때 손가락을 가지런히 모아 지시하는 장소나 물건의 방향으로 3초간만 정지해 본다. 동작 자세가 굉장히 우아해 보일 뿐 아니라 성의와 정성을 다하는 모습을 보여주게 되며, '정말 친절하게 나를 안내하고 있구나' 하는 느낌을 주게 된다.

3. 화가 난 사람에게 3초간만 진지한 자세로 고개를 끄덕이며 들어 준다.

화가 난 사람은 많은 사연과 사건들로 감정이 엉켜있다. 그런 사람에게 아무리 논리적이고 설득력 있는 말을 해도 통하지 않는다. 오로지 그 사람의 마음을 이해한다는 자세만 있으면 된다. 3초만 그 사람을 보면서 진지하게 고개를 끄덕여주기만 하여도 상대방의 마음은 눈 녹듯이 사르르 가라앉으며 그 상황을 이해하려고 노력하게 될 것이다. 그 정도로 상대방을 리드할 수 있다면 당신은 정말 뛰어난 화술의 마술사라 할 수 있다.

Chapter

11

컬러 진단

Chapter

11 컬러 진단

학습목표

- 퍼스널 컬러 진단 시스템 및 퍼스널 컬러 진단 방법에 대해 학습한다.
- 퍼스널 컬러 분류에 대해 학습한다.
- 나의 이미지에 맞는 퍼스널 컬러 선택방법을 학습한다.
- 퍼스널 컬러에 맞는 코디네이션을 학습한다.

1 퍼스널 컬러의 개념 및 측정방법

1) 퍼스널 컬러 진단 시스템(Personal Color System)

퍼스널 컬러 진단 시스템은 개인이 가지고 있는 고유의 색을 분석하여 어울리는 색을 진단하는 방법이다. 신체의 고유색상인 눈동자 색, 피부색, 머리카락 색과 가장 잘 어울리는 색채를 분석하여 메이크업, 헤어, 복장 등에 컬러 이미지를 연출하는 것으로, 개인의 단점을 보완하고 장점을 극대화시켜 돋보이고, 자신감 있는 이미지를 연출할 수 있다. 로버트 도어(Robert Dorr, 1928)는 색은 따뜻한 컬러(yellow base)와 차가운 컬러(blue base)를 명백하게 지니고 있다고 하였고, 요하네스 이텐(Johannes Itten, 1928)은 실용 색채 활용법의 기본이 되는 봄, 여름, 가을, 겨울의 사계절 유형(four season coloring type)이 사람의 타고난 신체 색상과 서로 연결되어 있다고 주장하였다. 사계절 유형에 따라 베스트 컬러(Best Color), 베이식 컬러(Basic Color), 웨스트 컬러(Worst Color)로 구분한다.

사계절 색은 기본적으로 따뜻한 색과 차가운 색으로 구분되며 봄과 가을은 따뜻한 색으로 노란 빛과 황색 빛을 지니고 있으며, 여름과 겨울은 차가운 색으로 푸르스름한 빛과 검은 빛을 기본 바탕색으로 지니고 있다. 자신에게 맞는 컬러를 분석하여 화장, 의상에 적용시키면 더욱더 세련되고 화사한 이미지를 연출할 수 있다.

먼셀의 20 색상환

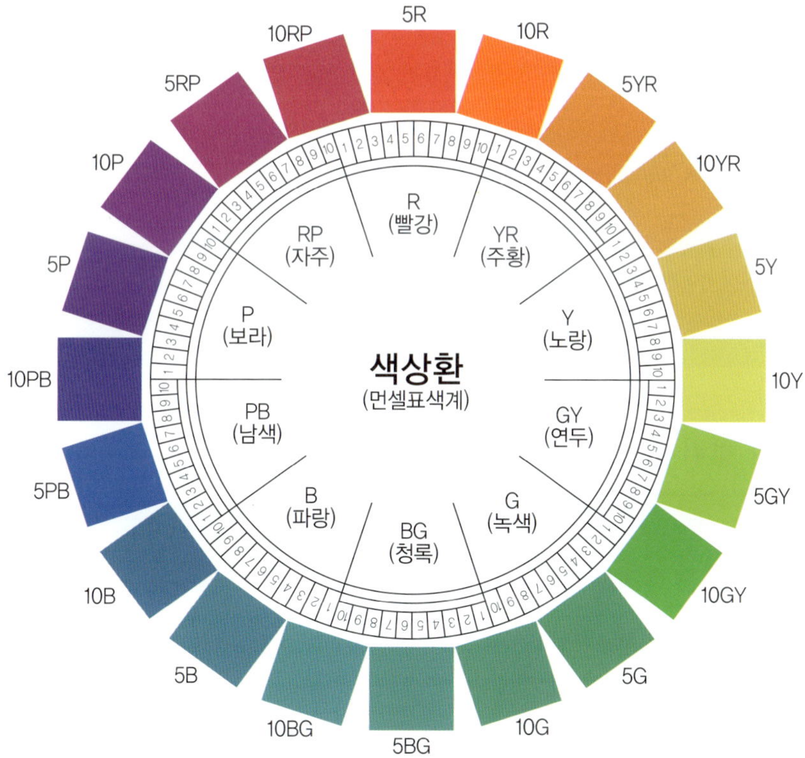

2) 퍼스널 컬러 진단 방법

퍼스널 컬러 진단은 단계별로 드레이핑(draping) 과정을 통해 개인의 피부색 변화와 얼굴형태 변화를 관찰하고 분석하여 객관적인 베스트 컬러(Best Color), 베이식 컬러(Basic Color), 워스트 컬러(Worst Color)를 식별한다.

- **베스트 컬러(Best Color)** : 가장 잘 어울리는 색
- **베이식 컬러(Basic Color)** : 자연스럽게 잘 어울리며 평소에 즐겨 활용하는 색
- **워스트 컬러(Worst Color)** : 어울리는 계절색이라 하더라도 자신의 성격과 바이오리듬에 맞지 않는 색

사계절 컬러 유형

봄	노란색이 기본 바탕색으로 강하고 선명한 원색
여름	흰색과 파란색이 기본 바탕색으로 밝고 부드러운 색
가을	황색과 노란색이 기본 바탕색으로 차분하고 가라앉은 톤
겨울	검은색과 파란색이 기본 바탕색으로 콘트라스트가 강한 짙은 색

(1) 퍼스널 컬러 진단 프로세스

- 1~2단계에서는 설문지를 이용하여 라이프 스타일과 색채 감성도 및 선호도를 분석하여 색채 심리 상태를 파악한다.
- 3단계는 육안으로 피부색이 차가운 유형인지 따뜻한 유형인지 구별하고, 눈동자 색, 머리카락 색과 특징을 분석한다.
- 4단계에서 컬러 진단 램프를 설치한 후 컬러 진단 천을 사용하여 드레이핑한다.
- 5~6단계는 사계절 성격 유형과 환경 유형, 연령 유형과 얼굴형태 유형에 따른 베스트 컬러(Best Color), 베이식 컬러(Basic Color), 워스트 컬러(Worst Color)를 생활에 잘 활용할 수 있도록 지속적으로 상담한다.

(2) 퍼스널 컬러 진단 측정 도구

❶ 컬러 진단 램프

중성 빛(95~100W)으로 컬러 진단 천 반사도의 오차를 줄여 피부 유형을 정확하게 구분할 수 있도록 도와준다.

❷ 사계절 컬러 진단 천

얼굴 아래 부분에 펼쳐 피부색의 변화와 얼굴에 나타나는 여러 현상들을 진단할 수 있도록 계절별 색으로 묶어 놓은 천이다.

- 따뜻한 컬러인 황색이 베이스된 레드 컬러를 드레이핑할 때 반사되는 반응이 어둡고 답답한 분위기였고, 차가운 컬러인 흰빛의 레드 컬러를 드레이핑했을 때 밝고 생기 있어 보인다면 여름 타입이면서 빨간 계열이 잘 어울리는 유형이다.
- 여름 타입으로 선별이 되었다면 블루 계열과 흰빛이 나는 레드 계열을 드레이핑하여 더 잘 어울리는 컬러 계열을 선별한다.

❸ 기타 준비물

중간색 컬러 진단 천, 9가지 컬러 팔레트, 9가지 헤어 컬러 팔레트, 네크라인 스타일, 칼라(collar) 스타일

(3) 퍼스널 컬러 진단 준비 및 유의 사항

- 화장을 지운 맨 얼굴이어야 정확한 진단을 할 수 있다.
- 안경 및 기타 액세서리는 착용하지 않는다.
- 피부색 진단을 위해 흰색 헤어밴드로 머리카락을 가린다.
- 상반신에 흰색 케이프를 둘러 혼동을 주지 않는다.
- 입을 다물고 미소를 짓지 않는다.

- 진단 램프가 없다면 햇살이 좋은 오전 11시부터 오후 3시 사이에 진단하는 것이 좋다.
- 진단 테스트 시간은 1시간 이상을 넘기지 않는다. 눈의 피로로 정확한 진단을 할 수 없게 된다.

자가 진단법

화장을 하지 않은 맨 얼굴로 흰색 티셔츠와 아이보리 블라우스를 얼굴 아래에 대보아 얼굴빛이 좀 더 화사하고 눈 밑에 그늘이 지지 않으며 기미, 주근깨가 옅게 보이는 색을 찾아낸다. 흰색 티셔츠가 잘 어울리면 차가운 컬러가 잘 어울리는 사람이고, 아이보리 블라우스가 잘 어울리는 사람이면 따뜻한 컬러가 잘 어울리는 사람이다. 노란 빛과 황색 빛이 도는 색이 어울리면 따뜻한 컬러가 잘 어울리는 봄, 가을 계절 컬러 사람이고, 흰빛과 푸른빛이 어울리면 차가운 컬러가 잘 어울리는 여름, 겨울 계절 컬러 사람이다.

드레이핑 시 확인사항

- 얼굴에 결점(잡티, 주름)이 도드라지는지 옅어지는지를 확인한다.
- 눈동자가 선명하게 연출되는 컬러를 찾아낸다.
- 피부 톤이 건강하고 깨끗하게 보여 생기가 있어 보이는지를 확인한다.
- 눈 밑에 그림자가 지는지를 확인한다.
- 얼굴형이 각이 져 보이는지를 확인한다.
- 실제 나이보다 젊고 화사해 보이는지를 분석한다.

2 퍼스널 컬러 분류

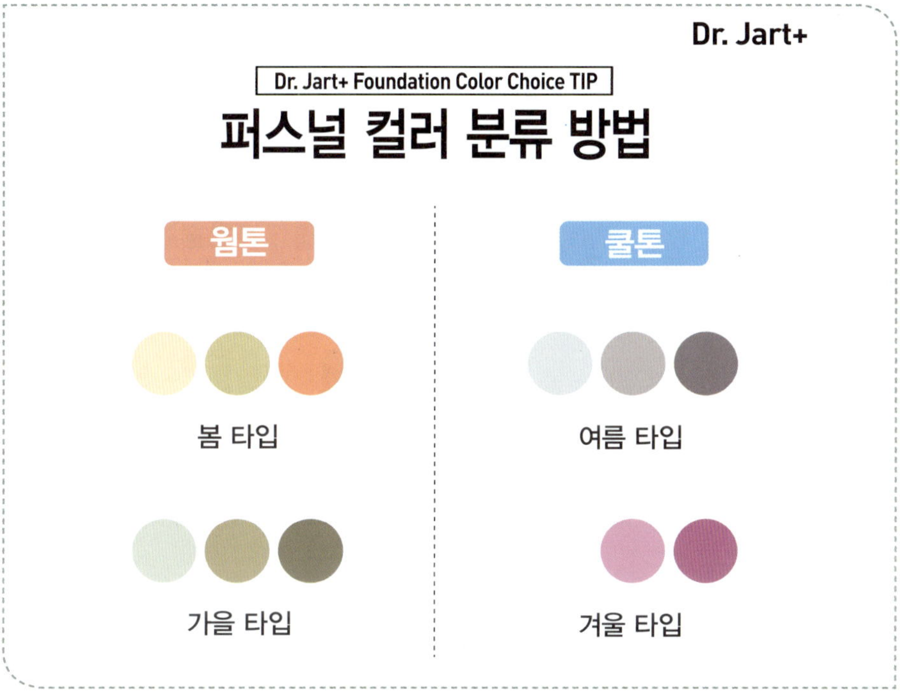

1) 따뜻한 컬러 & 차가운 컬러

(1) 따뜻한 컬러의 특징

따뜻한 색(Warm Color)은 모든 색에 노란색이 혼합되어 조색(調色)을 이룬다. 따뜻한 색은 풍요롭고 생동감을 주는 이미지와 온화하면서도 동적인 이미지를 지니고 있어 감성적인 성격과 능동적인 성격을 가지고 있다. 봄과 가을 색상은 따뜻한 색으로 봄은 선명하고 밝으며, 가을은 부드럽고 차분하며 안정감을 주는 것이 특징이다. 무채색과 은색은 따뜻한 색에 포함되지 않는다.

대표적인 색상으로는 레드(red), 레드 핑크(red pink), 레드 퍼플(red purple), 옐로우(yellow), 옐로우 베이지(yellow beige), 옐로우 그린(yellow green), 오렌지(orange), 피치(peach), 그린(green), 올리브 그린(olive green), 카키(khaki), 브라운(brown), 브라운 퍼플(brown purple), 로즈 베이지(rose beige), 카멜(camel), 골드(gold) 등이 있다.

(2) 차가운 컬러의 특징

차가운 색(Cool Color)은 기본적으로 푸른색과 흰색, 검은색을 지니고 있으며, 모든 색이 푸른색과 혼합되어 조색(調色)을 이룬다. 차가운 색은 이지적이고 부드러우며 정적인 이미지를 지니고 있어 이성적인 성격을 가지고 있다. 여름과 겨울 색상은 차가운 색으로 여름은 부드럽고 밝으며, 겨울은 선명하고 강하여 이지적인 이미지를 주는 것이 특징이다.

대표적인 색상으로는 블루(blue), 블루 레드(blue red), 블루 그린(blue green), 마젠타(magenta), 라이트 핑크(light pink), 라이트 옐로우(light yellow), 라이트 바이올렛(light violet), 퍼플(purple), 패일 라벤더(pale lavender), 와인(wine), 버건디(burgundy), 네이비 블루(navy blue), 네이비 글레이(navy gray), 그레이쉬 블루(grayish blue), 그레이쉬 브라운(grayish brown) 등이 있다.

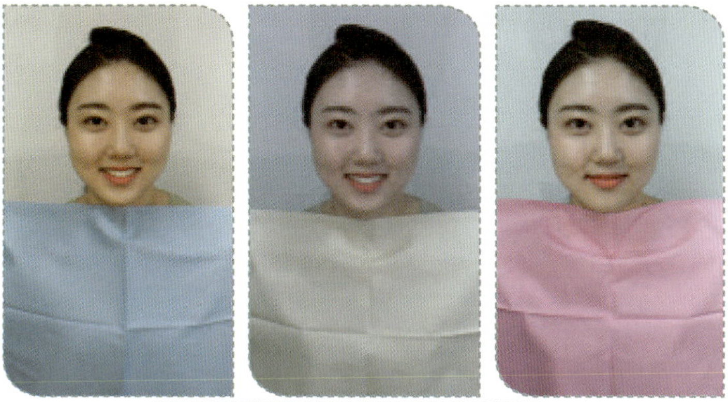

2) 사계절 컬러 이미지와 코디네이션

(1) 봄 컬러(Spring Color)의 특징

- 모든 색에 노란색이 섞여 있고 따뜻한 톤으로 구분한다.
- 색상은 원색적이며 선명하고 강하다.
- 명도와 채도가 높아 투명하고 깨끗하며 화사하고 경쾌한 이미지이다.
- 피부가 매끄럽고 맑아 얇으며, 노르스름한 톤을 가지고 있다.
- 화사하고 로맨틱한 이미지가 잘 어울린다.
- 주근깨, 잡티가 생기기 쉽고, 태양에 잘 타며 피부가 투명하고 환하게 노랗다.
- 대표적인 색상으로는 선명한 비비드(vivid), 밝은 톤으로 옐로우(yellow), 오렌지(orange), 버밀리온(vermilion), 스칼렛(scarlet), 에메랄드그린(emerald green), 애플 그린(apple green), 옐로우그린(yellow green), 바이올렛(violet), 밝은 라이트 톤의 아이보리(ivory), 코랄핑크, 피치(Peach), 아쿠아블루, 딥톤의 번트 오렌지(burnt orange), 골든 브라운(golden brown)이 있다.

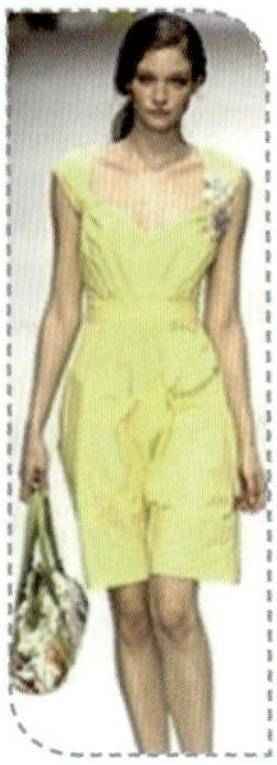

❶ 메이크업

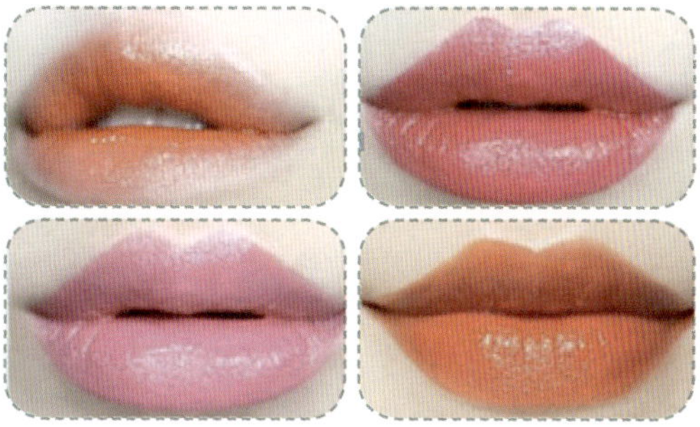

- 밝고 화사하며 생동감이 있고, 귀여운 로맨틱 이미지가 어울린다.
- 밝고 화사한 톤으로 투명하고, 화사하게 표현하는 것이 좋다.
- 파운데이션은 리퀴드 타입을 소량으로 여러 번 가볍게 두드려 섬세하고 투명하게 표현하고 라이트 베이지, 내추럴 베이지, 옐로우 베이지 계열로 표현한다.
- 파우더는 라이트 피치, 피치 베이지, 내추럴 베이지, 핑크 베이지로 가볍게 표현하는 것이 좋다.
- 아이섀도는 화사한 피치 핑크(peach pink), 핑크 베이지(pink beige), 오렌지(orange), 옐로우 그린(yellow green) 계열을 주로 사용하여 짙은 계열로 강하면서도 섬세하게 표현하는 것이 잘 어울린다. 밝은 색(high light color)으로 아이보리나 베이지, 기본색(base color)은 코랄 핑크나 라이트 옐로우, 중간색(shadow color)은 오렌지, 피치를 바르고, 짙은 색(point color)은 핑크, 브라운으로 표현하면 잘 어울린다.
- 볼터치는 코랄 핑크, 핑크 베이지, 오렌지, 레드 오렌지 계열로 화사하게 표현한다.
- 립 스틱은 핑크, 코랄 핑크, 오렌지, 레드 계열, 립 글로스나 펄을 가미하여 촉촉하게 표현한다.

❷ 헤어스타일

- 머리카락은 노란 빛이 감도는 갈색으로 윤기가 나고, 부드러우며, 얇은 것이 특징이다.
- 밝은 갈색이며 피부와 모발색의 명도차가 크지 않다.
- 온화하며 부드러우며 생기 있는 귀여운 이미지로 단발머리나 층이 난 굵은 웨이브가 잘 어울린다.
- 지나치게 긴 스트레이트나 짧고 경직된 커트는 어울리지 않는다.

❸ 패션

캐주얼하고 로맨틱한 여성스러움을 가진 발랄한 이미지로 자연스럽고 부드러운 소재의 티셔츠, 카디건 등이 좋고 니트도 잘 어울린다. 활동적인 바지나 미니스커트에 짧은 재킷은 경쾌하고 귀여운 이미지를 연출할 수 있다. 무늬가 없는 단색 스트라이프(stripe), 체크(check) 등으로 변화를 주고 가방, 모자 신발 등 선명한 색상으로 자유분방하고 활동적으로 보이며 경쾌한 이미지를 연출한다. 면접 시 단아하고 심플한 A라인의 스커트를 입고 칼라도 직선형보다는 둥근형이 좋고 소매는 곡선으로 부풀린 블라우스가 좋다.

(2) 여름 컬러(Summer Color)의 특징

- 모든 색에 흰색과 파란색이 기본 바탕색이며 차갑고 부드러운 파스텔 톤이다.
- 기본적으로 흰색이 혼합되어 명도는 높고 채도는 낮아 부드럽다.
- 흰 피부가 많으며 복숭아 빛이나 핑크 빛의 피부색으로 햇볕에 노출 시 잘 타지 않고 붉어지는 특징이 있다.
- 눈동자와 머리카락 색이 어두운 회갈색을 지니고 있다.
- 낭만적이며 여성스러운 이미지와 밝고 깨끗한 내추럴 이미지가 잘 어울린다.
- 대표적인 색상으로는 밝은 톤의 베이비 핑크, 로즈 핑크, 레몬옐로우, 아쿠아 블루, 스카이 블루, 라이트 블루, 블루 그린, 라벤더, 라일락, 붉은보라 계열의 오키드, 소프트 화이트, 부드러운 톤과 그레이쉬 톤의 실버 그레이, 블루 그레이, 슬레이트 블루, 팔죽 계열의 하바나 로즈, 타코즈 블루 등이 있다.

❶ 메이크업

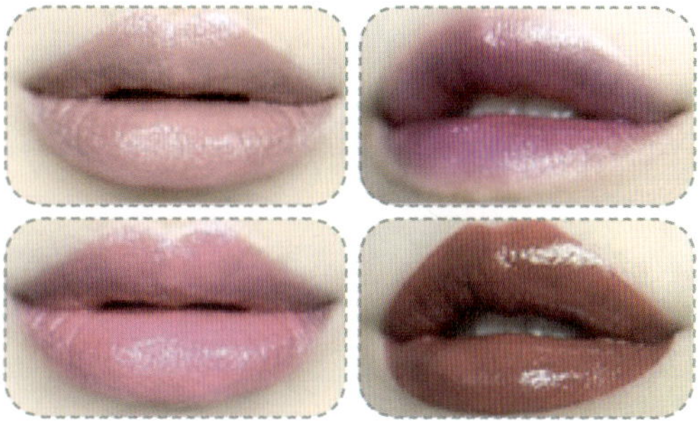

- 색상이 강하지 않은 파스텔 톤으로 투명하게 표현하고, 화사하며 부드러운 색이 잘 어울린다.
- 짙은 계열보다 밝은 계열의 깨끗한 이미지를 연출하는 것이 어울린다.
- 피부표현은 두껍고 밝게 표현하기보다는 자연스럽게 표현하는 것이 좋고, 리퀴드 타입이나 크림 타입을 소량으로 여러 번 두드리면서 자연스럽게 표현하도록 한다.
- 파운데이션은 화이트 베이지, 내추럴 베이지, 피치 베이지, 핑크 베이지 계열 톤이 잘 어울린다.
- 파우더는 내추럴 베이지, 피치 베이지, 라이트 핑크, 라이트 블루로 자연스럽게 표현하면 좋다.
- 아이섀도는 파스텔 톤의 베이지, 블루, 아쿠아 블루, 핑크, 아쿠아 그린, 화이트, 바이올렛 계열 등 중간 톤을 주로 사용하는 것이 잘 어울린다. 밝은 색(high light color)으로 밝은 옐로우나 화이트 핑크, 기본색(base color)은 베이지 핑크나 피치, 중간색(shadow color)은 소프트 바이올렛, 핑크를 바르고, 짙은 색(point color)은 블루 그레이, 레드 퍼플로 표현하면 잘 어울린다.

- 볼터치는 코랄 핑크, 내추럴 브라운, 화이트 핑크, 로즈 핑크가 멋스럽다.
- 립 스틱은 짙게 표현하는 것보다 누드 핑크 베이지, 로즈 베이지, 베이지 브라운, 핑크로 자연스럽고 연하게 표현하도록 한다.

❷ 헤어스타일

- 머리카락은 윤기가 나지 않는 건조한 타입으로 가늘고 회색빛이 감도는 짙은 갈색이다.
- 헤어는 진한 편으로 검은색이나 부드러운 갈색이 많다.
- 회색 빛이 감도는 회갈색도 여름 스타일에 속한다.

❸ 패션

자연스럽고 산뜻한 이미지로 파스텔 톤으로 화사하며 부드럽고 여성스러운 스타일이 잘 어울리며 소품은 화려한 색상으로 세련미를 연출하는 것이 좋다. 면접 시에는 부드러운 광택이 있는 소재를 이용하고 핑크 계열과 붉은보라 계열의 베이지, 코랄 핑크 등으로 화사하게 연출한다.

(3) 가을 컬러(Autumn Color)의 특징

- 황색과 노란색이 혼합되어 따뜻한 색으로 구분된다.
- 황색이 기본 바탕색이며 차분하고 가라앉은 느낌을 가지고 있다.
- 피부가 불투명한 특징을 가지고 있다.
- 성숙함이 돋보이고 고전적이며 여성스러운 이미지이다.
- 친근감과 편안함을 느끼게 하나 피부색은 혈색이 없고 윤기가 없는 편이다.
- 눈동자와 머리카락색은 짙은 갈색과 암갈색으로 그윽한 느낌을 준다.
- 색은 세련되고 깊이가 있고, 차분한 분위기가 풍기는 색이다.

- 대표적인 색상으로는 명도와 채도가 낮은 벽돌색, 차분한 오렌지, 머스터드의 어떤 노란색이라도 잘 어울리며 초록색 계통의 색은 마른 풀 같은 컬러, 비취색, 올리브 그린, 진한 초록색, 다크 초콜릿 브라운과 마호가니색 등이 있다.

❶ 메이크업

- 전체적으로 차분하면서 자연스럽고 부드러운 이미지의 색조 화장이 잘 어울린다.
- 짙은 계열로 깊게 표현하며 포인트 색상을 주어 우아하며 고전적인 분위기를 연출하는 것이 어울린다.

- 파운데이션은 두껍게 표현하며 크림 타입이나 스틱 타입으로 피부 톤을 고르게 표현하고 피부색보다 한 단계 어두운 톤으로 차분한 내추럴 베이지, 코랄 베이지, 옐로우 베이지, 골든 베이지로 자연스럽게 표현하는 것이 좋다.
- 파우더는 내추럴 베이지, 아프리 코트, 코랄 핑크, 오렌지 계열로 가볍게 골고루 표현한다.
- 아이섀도는 오렌지, 그린, 브라운을 주조 색으로 아이보리, 코랄 베이지, 옐로우 그

린, 핑크 베이지, 레드 핑크, 피치, 머스터드, 퍼플 등의 중간 톤과 어두운 톤을 주로 사용하는 것이 잘 어울린다. 밝은 색(high light color)으로 크림 베이지나 라이트 옐로우, 기본색(base color)은 아이보리나 코랄 핑크, 중간색(shadow color)은 소프트 옐로우 그린, 머스터드를 바르고, 짙은 색(point color)은 골드 브라운, 카키로 표현하면 잘 어울린다.

- 볼 터치는 피지 베이지, 코랄, 오렌지, 브라운 계열로 자연스럽게 표현한다.
- 립 스틱은 중간색이나 짙은 색으로 뚜렷한 입매를 표현하는 것이 효과적이며, 코랄 핑크, 레드 오렌지, 딥 레드가 잘 어울린다.

❷ 헤어스타일

- 머리카락은 윤기가 없는 다크 브라운, 소프트 브라운과 같은 짙은 갈색을 띄고 있다.
- 황색 빛이 감도는 짙은 갈색이며, 황색 빛이 감도는 황갈색 머리카락을 소유하고 있다.

❸ 패션

포근하고 부드러우며 차분하고 원숙한 이미지를 지니고 있으므로 골드, 브라운, 코랄 핑크, 와인계열 색으로 우아하며 여성스러움을 표현한다. 지나치게 밝은 색상은 다소 가벼워 보일 수 있으므로 중명도 중채도의 부드러운 톤을 선택한다. 면접 시 벨벳이나 울(wool)등 소재로 고급스러움을 연출하고 브라운 계열을 중심으로 베이지, 골드 등과 배색하여 지성미를 연출하는 것이 좋다.

(4) 겨울 컬러(Winter Color)의 특징

- 모든 색에 푸른색과 검은색이 혼합되어 차가운 색으로 구분되어 진다.
- 채도가 높으며 선명한 밝은 색과 짙은 색의 명도 차이가 분명하다.
- 차갑고 강열한 이지적인 이미지가 잘 어울린다.

- 블루 베이스에 붉고 푸른 기미의 피부를 가지고 있으며 머리카락은 두껍고 윤기가 많다. 눈동자 색은 짙은 회갈색 또는
- 명도와 채도의 대비가 강하고, 심플하고 깨끗하며, 세련되고 도회적인 이미지이다.
- 대표적인 색상으로는 카민, 코발트블루, 피코크 그린, 마젠타, 바이올렛, 레몬옐로우, 베이비 핑크, 아이시 블루, 아이시 아쿠아, 아이시 그린, 네이비블루, 마브, 비리디안, 보르도, 버건디, 그레이가 있다.

WINTER TYPE

Azalea	Azalea	Magenta	Wine red	Wine red	Lemon yellow	Apple green	Emerald
Pine green	Ice blue	Turquoise	Sapphire	Blue grape	Indigo	Purple	White
Silver gray	Charcoal gray	Black	Silver beige	Watermelon	Wine red	Burgundy	Burgundy
Silver beige	Neon Green	Sapphire	Grape	Ice purple	Charcoal gray		

❶ 메이크업

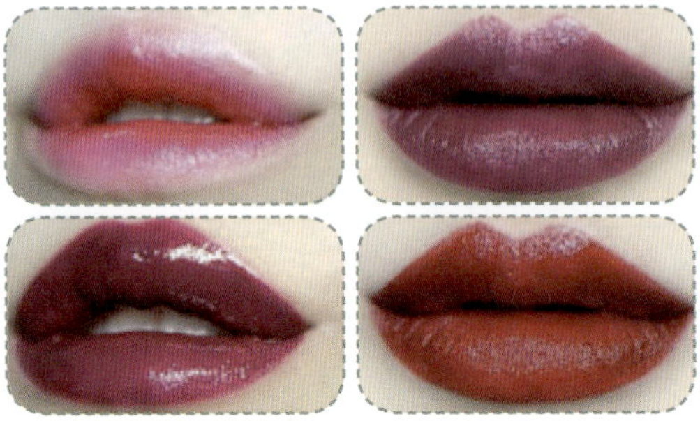

- 심플하고 단아한 스타일로 원 포인트 메이크업 패턴이나 콘트라스트가 강한 색상의 뚜렷한 이미지 패턴이 잘 어울린다.
- 파운데이션은 자연스럽게 표현하는 것이 좋고, 피부색이 흰 경우는 지나치게 어둡게 표현하는 것은 피한다. 화이트 베이지, 피치 베이지, 핑크 베이지, 로즈 베이지로 약간 두껍게 표현하도록 한다.
- 파우더는 투명, 화이트 피치, 화이트 핑크, 페일 바이올렛 계열로 T존이나 중앙 부위에 화이트 파우더를 활용하여 투명하게 소량으로 여러 번 골고루 발라 섬세하게 표현하는 것이 좋다.
- 아이섀도는 화이트 핑크, 실버, 그레이, 네이비, 버건디, 와인, 블루 퍼플, 마젠타, 다크 브라운, 블루 그린이 잘 어울린다. 밝은 색(high light color)으로 화이트나 화이트 핑크, 기본색(base color)은 핑크나 라이트 블루, 중간색(shadow color)은 마젠타, 바이올렛을 바르고, 짙은 색(point color)은 버건디, 와인 컬러로 표현하면 잘 어울린다.
- 볼터치는 화이트 핑크, 핑크 베이지, 핑크, 로즈 핑크 계열로 자연스럽게 표현한다.
- 립 스틱은 누드 베이지, 버건디, 레드, 레드 브라운 계열로 입술을 강조하는 것이 좋다.

❷ 헤어스타일

- 머리카락은 푸른빛이 들어간 짙은 갈색이나 검은색이 주를 이룬다.
- 푸른빛이 감도는 갈색이나 푸른빛이 감도는 검정색을 소유하고 있다.

❸ 패션

선명하고 콘트라스트가 강한 색상으로 활동적이고 대담하며 도시적이면서도 화려한 이미지이다. 블랙과 화이트, 네이비블루, 레드 컬러 등이 잘 어울린다. 면접 시 블랙 스커트에 화이트 블라우스로 심플한 디자인을 선택하고 최고급 옷감과 값진 귀걸이(작은 사이즈) 등으로 세련된 이미지를 연출한다.

컬러 진단의 장점

- 색채 조화에 많은 변화를 주며 적은 옷으로 다양하게 연출할 수 있다.
- 나에게 적합한 컬러에 맞게 구입하게 되니 잘못 된 구입을 줄일 수 있다.
- 구매 시 선택하는 시간을 줄일 수 있다.
- 자연미를 최대한 살릴 수 있다.
- 진단을 받은 후에는 안정된 조화를 연출할 수 있으므로 타인에게 좋은 인상을 남기게 된다.
- 어울리는 컬러의 메이크업은 신선하며 건강함을 돋보이게 하여 더욱 젊어 보이게 된다.
- 자신감을 갖게 된다.
- 고가의 옷이 아니더라도 저렴한 가격으로 색채 조화가 맞는 옷을 구입할 수 있는 능력이 길러진다.

쉬어가기

나의 이미지에 맞는 퍼스널 컬러 찾는 간단한 방법

● 오링 테스트

힘을 가했을 때 자신이 좋아하고 잘 어울리는 색은 오링이 잘 풀어지지 않고, 그 반면 힘을 가했을 때 오링이 쉽게 떨어지는 경우는 자신이 좋아하지도 잘 어울리지도 않는 색이라고 보면 된다. 이는 몸에서 감지하여 자기에게 맞는 색은 당기고 맞지 않는 색은 밀어내는 원리를 이용한 테스트이다.

- 한손에 따뜻한 컬러의 색을 들고, 다른 한손은 엄지와 검지로 고리를 만든다.
- 마찬가지로 한손에 차가운 컬러의 색을 들고, 다른 한손은 엄지와 검지로 고리를 만든다.
- 타인이 힘을 주어 고리를 풀도록 한다.
- 계절별 색으로 위와 같이 테스트한다.

● 손등 테스트

따뜻한 컬러와 차가운 컬러의 종이를 준비한다. 각각의 종이 위에 양손을 펼쳐서 비교해 보면 눈으로 확연한 차이를 볼 수 있다. 잘 어울리는 컬러의 손은 손의 마디가 어둡지 않으며 손 전체가 깨끗하고 화사하게 보이며 손모양도 가늘게 보인다. 내게 맞는 컬러를 간단하게 진단할 수 있는 방법이다.

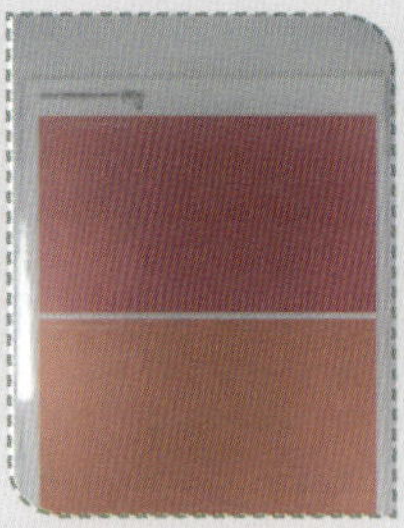

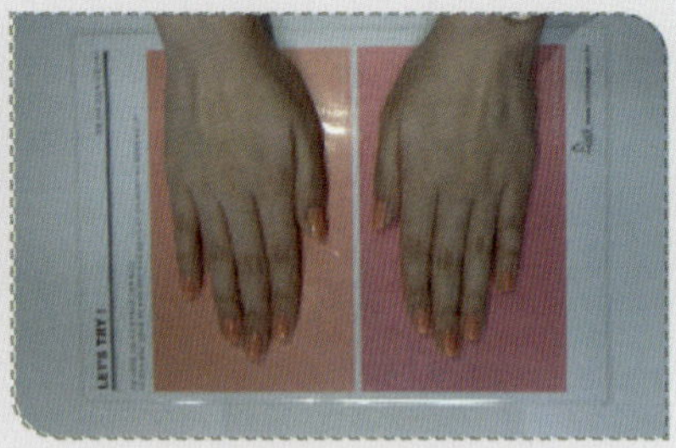

생각해 봅시다

1. 퍼스널 컬러란?

2. 나의 베스트 컬러(Best Color)는?
   나의 베이식 컬러(Basic Color)는?
   나의 워스트 컬러(Worst Color)는?

3. 따뜻한 컬러(Worm Color)와 차가운 컬러(Cool Color)의 특징에 대해서 작성해 보자.

4. 나의 계절 컬러에 따른 메이크업 컬러와 패션 컬러에 대해 작성해 보자.

Chapter

12

취업 면접

Chapter 12

취업 면접

학습목표

- 이력서 및 자기소개서 작성법에 대해 학습한다.
- 입사 프로세스와 실무면접에 대해 이해한다.
- 모의 훈련을 통해 면접에 자신감을 갖도록 훈련한다.

1 성공적인 취업을 위한 첫걸음

1) 입사서류 작성

(1) 이력서 작성하기

❶ 이력서 작성요령

가. 인적사항

- 성명, 주민등록번호, 생년월일, 현주소와 연락처/전화번호 기재
- 이메일은 복잡하지 않은 것으로 정하여 기재한다.

- 사진은 최근 사진으로 기본 업 스타일 헤어가 좋으며 복장은 면접에 준하는 것을 입고 밝고 부드러운 표정으로 사진관에서 촬영한 것을 붙인다. 서류를 직접 제출할 시에는 컬러로 인쇄한 사진을 제출해서는 안 된다. 꼭 서류에 사진을 규격에 맞게 오려 깔끔하게 붙인다.
- 이메일 제출 시에도 사진은 꼭 입력한다.

나. 학력/경력사항

- 학력은 고등학교 졸업부터 기재하고 졸업 날짜도 기재한다.
- 가장 중요하고 핵심적인 경력만 기재한다.

다. 자격/어학/사무능력사항

- 사무능력 자격증 전부를 기입한다.
- 관련 자격증 전부를 기입한다.
- 어학관련 성적을 명시한다.
- 어학연수 경험, 외국어 관련 활동 경험 등을 기재한다.

라. 수상/봉사활동/학생활동 사항

- 수상 및 장학금 수혜사항과 학생활동 및 봉사활동 경험을 기재한다.
- 모든 내용을 기재한 후 날짜, 성명을 쓰고 서명을 한다.
- 자신만의 양식을 만들어라.

위의 내용은 사실과 틀림이 없습니다.
0000 년 00 월 00 일
홍 길 동 (인)

이력서 작성 TIP

- selling point를 드러내라.
- 직무에 관련된 내용을 기재하라.
- 디자인도 신경 써라.
- 여러 번 확인하라.
- 이력서 수령 여부를 확인하라

이력서에 들어갈 정보 내용을 작성해 봅시다.

(2) 자기소개서 작성하기

이력서를 개인에 대한 개괄적인 소개라고 한다면 자기소개서는 깊이 있게 자신을 소개하는 양식으로 이력서에 작성하지 못한 나의 능력을 나타낼 수 있는 중요한 서류이다. 인사담당자가 꼭 면접을 하고 싶다는 마음이 들게 하는 서류이다.

자기소개서에서 호감을 주는 문구(단위 : %)

1	긍정적이고 밝은	84.9
2	팀워크	82.5
3	책임감과 협동심이 많은	73.8
4	성실하고 근면한	73.0
5	열정적인	63.5
6	○○분야의 전문가가 되고 싶습니다	62.7
7	친구가 많은	55.6
8	○○한 경험을 통해 ○○를 키웠고	54.0
9	독립적인	51.6
10	최선을 다하는	46.8

100인 이상 기업 인사담당자 126명 대상 조사(복수응답) 자료: 인크루트

자기소개서에서 식상함을 주는 문구(단위 : %)

1	'나는'으로 시작하는 문장이 중복	80.2
2	뽑아만 주신다면	73.0
3	우등생, 반장, 1등	71.4
4	엄격하지만 자상하신 부모님의 가르침	66.7
5	화목한 가정의 몇 남 몇째로 태어나	62.7
6	초일류, 최고의	61.1
7	무슨 일이든 열심히	57.9
8	솔직히 말씀드리면	56.3
9	준비된 인재	56.3
10	약속드립니다	55.6

100인 이상 기업 인사담당자 126명 대상 조사(복수응답) 자료: 인크루트

(3) 자기소개서의 구성

- 가정환경 및 성장배경
- 대인관계
- 성격의 장단점
- 대학생활 및 경력사항
- 지원동기 및 입사 후 포부

(4) 자기소개서 작성 요령

- 기승전결로 논리 정연하게 작성한다.
- 성장 배경은 자라온 환경을 바탕으로 가족관계에 대해 짧게 기술한다.
- 대학학창시절 활동 내용과 전공 및 자격사항 등 능력에 대해 기술한다.
- 솔선수범, 협동심 등 긍정적이고 적극적인 사람으로 표현한다.
- 위와 같은 내용을 에피소드를 겸하여 부각시켜 읽는 사람이 편하게 읽히고 이해하기 쉽도록 작성한다.
- 한 문장이 3줄을 넘기지 않도록 한다.

(5) 자기소개서 주의 사항

❶ '저는', '나는' 등으로 시작하지 않는다

인사담당자들의 시선이 글의 서두에서 시작된다는 사실을 잊지 말라!

❷ 한 번에 써내려 갈 생각은 하지 말라

미리 연습장에 초고를 쓴 후에 옮겨 쓰는 것이 좋다.

❸ 지원하는 곳마다 새로 작성하라

기업체별로 다른 자기소개서를 지원하는 것이 가산점을 얻을 수 있는 방법이다.

❹ 일관성 있는 표현을 써라

하나의 완성된 글에는 통일성이 있어야 한다.

❺ 기본적인 정보는 꼭 기재하라

기본 요소가 되는 성장배경, 성격, 학창시절, 지원동기 및 입사 후 포부는 꼭 기재한다.

❻ 추상적인 표현을 배제한다

열 마디 말보다 구체적인 숫자를 기입해 신뢰감을 주는 것이 훨씬 효과가 크다.

❼ 여러 번 퇴고를 거쳐 오타가 전혀 없어야 한다

문서를 작성하는 능력에서 기본이 되는 것이 바로 오·탈자율을 줄이는 것이다.

자기소개서 체크리스트

평가항목	체크
자기소개서의 시작이 신선한가?	
항목별로 나누어 작성했는가?	
사건의 나열이 아닌 구체적인 서술을 하고 있는가?	
개인의 개성이 들어가 있는가?	
지원동기 및 입사 후 포부가 잘 들어가 있는가?	
경력에 관한 기술이 누락되어 있지는 않는가?	
내용이 잘 익혀지지 않고 지루하지는 않은가?	
맞춤법과 띄어쓰기가 잘 되어 있는가?	
전체적인 문맥이 자연스러운가?	
자기소개서의 양식이 깔끔하게 정리된 느낌을 주는가?	

쉬어가기

신입사원 면접 시 중요 평가 항목

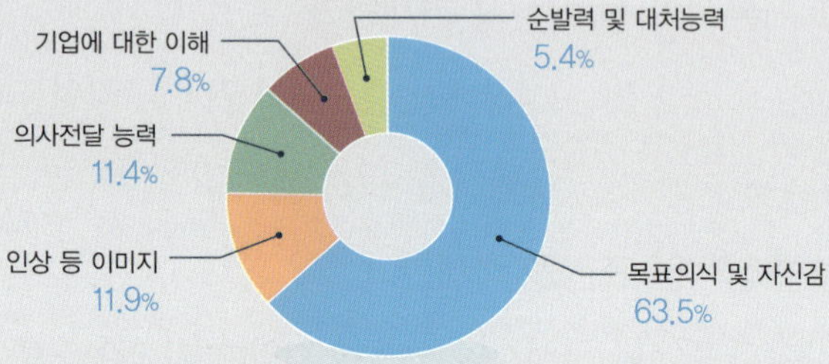

기업 인사담당자들은 신입사원 면접 때 지원자의 '목표의식 및 자신감'을 가장 중요시하는 것으로 조사됐다. 토익, 토플 등 외국어 성적을 고려한다는 응답은 예상보다 적었다.

한국직업능력개발원이 최근 국내 500개 기업체 인사담당자를 대상으로 실시한 신입직원 선발기준 설문 조사에 따르면 인사담당자의 63.5%는 신입직원 면접에서 "목표의식 및 자신감을 가장 중요하게 본다"고 대답했다.

'인상 등 이미지'(11.9%), '의사전달 능력'(11.4%), '해당기업에 대한 이해'(7.8%), '순발력 및 대처능력'(5.4%) 등도 면접 주요요소로 나타났다. 그러나 '시사 상식과 사회 이슈'를 중요시하는 인사담당자는 한 명도 없는 것으로 나타났다.

'목표의식 및 자신감'에 대해 업종별로는 금융업 인사담당자의 응답률이 80.6%로 제조업(63.1%) 등 타 업종보다 높은 것으로 조사됐다. 기업 규모가 커질수록 '목표의식 및 자신감'에 대한 중요성도 함께 높아지는 것으로 분석됐다.

토익점수 등 어학능력에 대해선 "전혀 고려하지 않거나, 고려하지만 영향력이 거의 없다"고 응답한 기업이 전체의 51.3%를 차지했다. "기준 점수만 획득하면 된다"는 응답도 26.4%였다. 반면 "점수가 높을수록 유리하다", "어학 점수가 절대적인 영향을 가진다"고 대답한 비율은 22.3%에 그쳤다. 금융업의 경우 "기준 점수 이상이면 더 이상 고려하지 않는다"는 응답은 업종별 최고인 35.5%로 조사됐다.

어학 연수자에 대한 가산점 부여와 관련, 23.6%가 "부여하고 있다"고 응답했다. 그러나 기업 규모가 커질수록 해외 연수자에 대한 가산점 부여 비율이 낮아지는 것으로 나타났다. 직업능력개발원 관계자는 "이번 조사는 경제위기에 따른 기업 내 채용 변화를 분석해 기업 정책에 대한 시사점을 제공하기 위한 것"이라며 "어학 성적 등 정량적 지표보다 목표의식 및 자신감 등 정성적 지표를 면접에 활용하는 기업이 더 많은 것으로 나타났다"고 분석했다.

출처 : 한국직업능력개발원

2 취업준비와 면접요령

1) 취업준비

- 취업 정보 사이트에 가입하여 정보를 받는다.
- 관심 있는 회사 사이트는 수시로 들어가 채용 정보를 확인한다.
- 취업 박람회에 가서 직접 정보를 획득한다.
- 대학 지도교수님께 적극적인 취업 의사와 취업 분야를 명확히 말하고 조언과 지도를 받도록 한다.
- 대학 내 취업 정보 시스템을 활용한다.
- 지원 분야가 같은 친구들과 스터디를 만들어 정보를 교류한다.

2) 효과적으로 자신을 어필하는 면접의 요령

인사담당자들은 흔히 면접을 진행하다 보면 자신감이 넘치고 능력은 있지만 겸손한 인재는 드물다고 말한다. 이는 지원자들이 자신의 실력과 능력을 제대로 표현하는 능력이 모자라기 때문이다.

실력과 능력의 표현은 당당하고 자신감이 있어야 하겠지만 밝고 화사함 그리고 윗사람을 존중하는 겸손함, 배려심 등은 매우 중요하다.

쉬어가기

면접의 포인트 잡기

- 지각은 절대 안 된다!
- 헤어와 메이크업은 완벽하게 하고 간다.
- 복장에 투자를 하라!
- 지원 동기와 입사 후 포부는 명확하게 외워 간다.
- 회사가 어떠한 인재상을 요구하는지를 정확히 파악하도록 한다.
- 면접관 질문에 귀 기울여 재 질문하는 일이 없도록 한다.
- 결론부터 이야기한다.
- 표정은 밝고 화사해야 함으로 일상에서 미소를 생활화한다.
- 올바른 인사법을 익히고 간다.
- 자기소개는 30초에서 1분 미만으로 짧고 간결하면서 핵심적인 내용으로 한다.
- 내용보다는 목소리가 더 중요하다!
- 옆모습, 뒷모습도 중요함을 잊지 말자.

쉬어가기

핸디캡 극복하기

- 첫인상이 좋지 않다.
  → 화장과 미소를 통해 극복할 수 있으니 꾸준히 연습한다.

- 타인 앞에서 서면 얼어버린다.
  → 긴장이 되는 건 자연스러운 것이므로 면접관도 누구의 부모님이고 형제이다. 나의 이웃이라고 편하게 생각한다.

- 말을 잘 하지 못한다.
  → 예상 질문에 대한 답을 만들어 거울 앞에서 연습해 본다.

- 준비되지 못한 모습으로 면접에 임해야 할 상황이 발생했다.
  → 이러한 사항에 대비하여 꾸준히 독서하는 습관을 갖자.

- 취업이 늦어졌거나 공백 기간이 있다.
  → 공백 기간 중 미래를 위해 꾸준히 노력한 것을 표현하도록 한다.

3 모의 훈련

1) 첫인상이 면접을 좌우한다

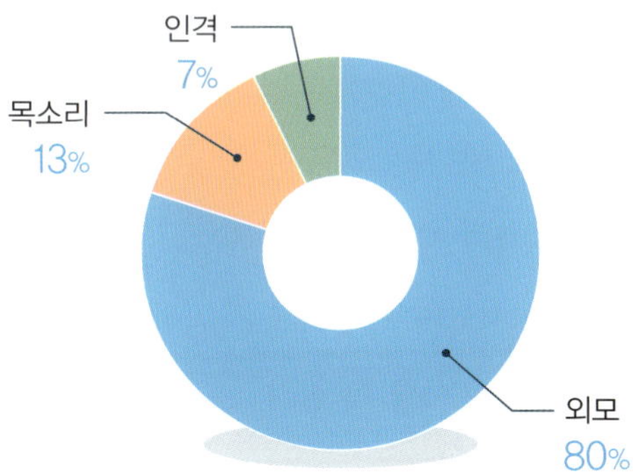

첫 인상을 결정짓는 요소는 외모가 80%, 목소리가 13%, 인격이 7%로 나뉜다.

구 분	내 용	감점 비중(%)
시각요소	• 진지하지 않은 자세 • 시선 회피 • 앉은 자세 불량 • 거리 못 맞춤	70.3 54.7 32.8 12.5
음성요소	• 작은 목소리 • 불분명한 발음 • 중복되는 말 • 말의 빠르기	61.7 59.4 44.5 39.1
언어요소	• 요점의 불명확 • 문장의 미숙 • 목소리	74.2 43.0 18.1

2) 면접매너

(1) 면접 자세

- 집을 나설 때부터 면접이라고 생각하라!
- 회사 입구부터 밝은 미소로 만나는 모든 분께 인사한다.
- 대기실에서 핸드폰을 보지 않는다.
- 대기실에서 정숙하게 미소 지으며 기다린다.
- 도움을 주는 분들께 감사의 표시를 꼭 한다.
- 화장실에서 전화통화를 한다든지 친구와 수다를 떨지 않는다.
- 입실을 할 때 밝은 모습으로 웃는 얼굴을 유지해야 한다.
- 걸음걸이는 당당하게 걷고 팔은 너무 흔들지 않고 자연스럽게 앞을 보며 걸어 들어간다.
- 내가 맨 앞이라면 동선이 표시되어 있는지를 잘 확인하고 면접관 앞으로 걸어간다.
- 인사는 면접관 눈을 보며 미소 짓고 "안녕하십니까?"라고 인사말을 던지며 허리를 45도로 숙이고, 1초 정도 멈춘 후 천천히 올라와 앞에 있는 면접관에게 미소 짓는다.

- 면접관이 앉으라는 말을 할 때 자리에 앉는다.
- 앉을 때 의자소리가 나지 않도록 주의한다.
- 의자에 앉는 연습도 하고 가야 한다.
- 구령을 해야 한다면 면접관의 관심을 끌 수 있는 좋은 기회이므로 크고 자신감 있게 한다.
- 내가 맨 앞이라면 나올 때도 동선을 잘 확인하고 나오도록 한다.
- 면접관을 나와서 안내해 주시는 분께도 "감사합니다."하고 인사한다.
- 면접장에서 나와서도 정숙하고 미소를 잃지 않도록 한다.
- 집에 도착 할 때까지 긴장을 늦추지 않도록 한다.
- 합격 통보를 전화로 주기로 하였다면 합격통보일은 전화기 옆에서 대기하고 전화 받을 때 전화매너를 갖추어 받도록 한다.

(2) 면접 시 대화법

- 메시지를 핵심적인 내용을 중심으로 명확하게 전달하도록 한다.
- 진지한 자세는 신뢰할 수 있는 사람이라는 인상을 준다.
- 목소리 크기가 상대방이 듣기에 적절한지를 점검하도록 한다.
- 분명한 발음으로 또박또박 이야기하도록 한다.
- 시선 접촉을 피하는 것은 자신감이 없음을 나타내니 주의하도록 한다.
- 항상 웃는 얼굴을 잊지 않아야 한다.
- 정확한 발음으로 의사를 전달하도록 한다.
- 다른 면접자가 대답을 할 때도 경청하는 모습을 보인다.

(3) 면접이 끝난 후

- 면접 볼 기회를 준 것에 대한 감사와 고마움을 전하는 멘트를 하고 돌아선다.
- 퇴실했다고 하여 긴장을 늦추지 말고 회사 정문을 나설 때까지 긴장을 늦추지 않는다.
- 면접을 잘 못 봤다고 해도 절대 얼굴을 찡그리며 돌아서지 않는다.

(4) 면접 시 주의 사항

- 지각은 절대 금물이다. 적어도 30분 전에 여유 있게 도착한다.
- 앉으라는 얘기가 있을 때까지 앉지 않는다.
- 옷을 자꾸 고쳐 입지 않는다. 자신감이 없어 보일 수 있다.
- 시선을 자꾸 돌리거나 공수자세에서 손을 움직이는 행동은 하지 않는다.
- 질문을 듣자마자 바로 대답하지 않는다. 경솔해 보일 수 있다.
- 대답을 길게 하지 않는다. 분명하고 명확하게 한다.
- 질문에 대답을 못했다고 천정을 보거나 고개를 푹 숙이고, 바닥을 보지 않는다.
- 면접관에게 질문을 요하는 자기소개는 하지 않는다.

- 미소 짓다 경련이 나면 살짝 미소만 짓는다.
- 속옷이 비치거나 진한 색 속옷은 금물이다.
- 흰색 티셔츠는 절대 입지 않도록 한다.
- 치마나 바지의 주름을 당겨서 펴고 들어간다.

면접 점수를 100점 만점으로 보았을 때 면접 매너가 차지하는 비중은 평균 47.7점인 것으로 집계되었다. 면접 매너를 평가에 반영하는 이유로는 51.4%가 에티켓은 사회생활의 기본이기 때문이며, 44.3%는 업무능력보다 성격, 인상이 더 중요하기 때문이라고 답했다.

쉬어가기

면접 매너의 당락 여부

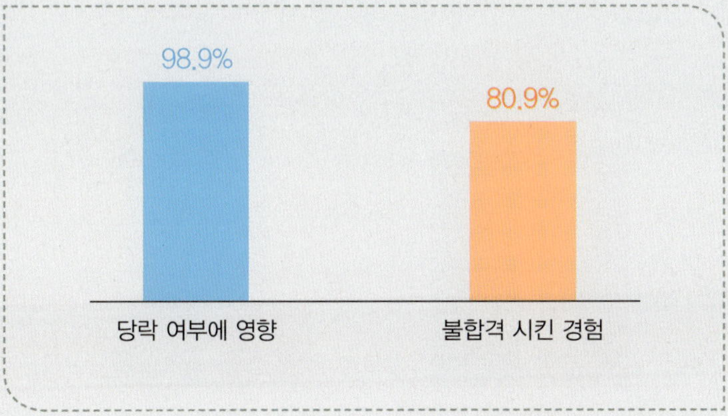

출처 : 커리어(기업 인사 담당자 265명)

쉬어가기

감점 요인 유형

- 1위 : 면접 시간에 늦는 지원자(55.7%)
- 2위 : 연봉 등 조건에 관심이 더 많은 지원자(53.4%)
- 3위 : 단정하지 못한 옷차림의 지원자(50.4%)
- 4위 : 심각하고 어두운 표정으로 일관하는 지원자(38.9%)
- 5위 : 답변 보다 질문이 더 많은 지원자(26.0%)
- 6위 : 회사에 대한 기본 정보가 부족한 지원자(25.2%)
- 7위 : 면접 도중 휴대폰이 울리는 지원자(22.9%)
- 8위 : 면접 대기 중 졸고 있는 지원자(12.2%)
- 9위 : 질문이 끝나기도 전에 답변하는 지원자(9.9%)

출처 : 면접 시 감정을 준 여성의 인상 특징-JOB코리아

인상으로 면접에 감점을 준 경우

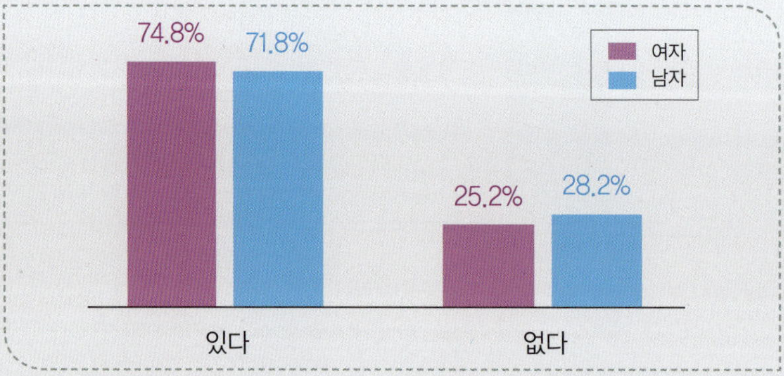

출처 : 인상이 면접에 미치는 영향-JOB코리아

쉬어가기

면접 기출문제

- 자기소개를 해 보세요.
- 당신을 채용해야 하는 이유를 말해 보세요.
- 지원 동기는 무엇입니까?
- 본인의 장단점을 말해 보세요.
- 아르바이트 혹은 사회봉사 활동에 대해 말해 보세요.
- 회사에 지원하기 위해 어떤 준비를 하였습니까?
- 당신이 면접관이라면 어떤 것을 중심으로 평가하겠습니까?
- ○○○○ 항공의 이미지에 대한 자신의 소견을 말해 보세요.
- 자신이 알고 있는 ○○○○ 항공의 취항노선을 말해 보세요.
- 아르바이트를 통해 얻은 것은 무엇인가요?
- 작년, 올해 기억에 남는 뉴스를 이야기해 보세요.
- 아르바이트 하고 얻은 월급은 어느 정도였나요?
- 최근에 부모님과 대화한 것은 언제이며, 무슨 얘기를 하였나요?
- 좋아하는 만화 캐릭터와 그 이유가 무엇입니까?
- 멜로 영화를 찍는다면 어떤 남자배우와 찍고 싶습니까?
- 최근에 본 영화, 연극, 책 중 감면 깊었던 것은 무엇입니까?
- 승무원이 되면 가장 가고 싶은 나라는 어디입니까?
- 본인의 남자 친구에 대해서 자랑해 보세요.
- 남자 친구와 싸웠는데 다시 만나고 싶으면 어떻게 하시겠습니까?
- 가장 찾고 싶은 사람은 누구 입니까?
- 잘하는 요리는 무엇입니까?
- 체력관리는 어떻게 하십니까?
- 스트레스 해소는 어떻게 하십니까?

쉬어가기

대한항공 기출문제

- 서비스가 무엇이라고 생각하십니까?
- 비빔밥을 영어로 설명해 보십시오.
- 현직 승무원인 선배들이 있을 텐데 승무원 생활 중 어떤 부분이 제일 힘들다고 하던가요?
- 아이가 계속 울면 어떻게 할 건가요?
- 최근에 본 대한항공 기사가 있다면 이야기해 보세요.
- 20대 여성에게 서비스를 한다면 어떻게 하시겠습니까?
- 신규 취항노선을 추천해 보세요.
- 저비용 항공사의 장점과 단점을 이야기해 보세요.
- 대한항공 CF 중 기억에 남는 것이 있다면 말씀해 보세요.
- 스카이 팀에 대해 설명해 보십시오.
- 대한항공의 기내 서비스 중 개선해야 할 것이 있다면 무엇인지 말해 보세요.
- 시각장애인에게 대한항공 유니폼을 설명해 보세요.
- 대한항공의 사회공헌 활동 중 아는 것을 말해 보세요.
- 대항항공과 아시아나 항공의 차이점을 말해 보세요.
- 국제 유가와 환율 중에서 중요한 것이 무엇이라고 생각하시나요?
- 승객 옷에 커피를 모르고 쏟았을 때 어떻게 하실 건지 말해 보세요.
- SNS의 장, 단점에 대해서 이야기해 보세요.
- 인생에서 성취감을 느낀 경험에 대해서 말해 보세요.
- 대한항공 유니폼에 대해 평가해 보세요.
- 학생과 직장인의 차이점을 말해 보세요.
- 인생에 가장 존경하는 분과 그 이유를 말해 보세요.
- 명품서비스라고들 많이 말하는데 명품 서비스가 뭡니까?
- 여러분들의 목표는 무엇인가요?
- 내 이상형을 연예인에 빗대어 설명해 보세요.

생각해 봅시다

1. 작성한 자기소개서를 친구나 부모님께 읽어 보도록 한 후 핵심사항 3가지가 무엇인지를 말해 보도록 하자. 내가 하고자 하는 핵심 내용과 일치하지 않다면 다시 수정, 보완하도록 한다.

2. 면접 자기소개를 촬영하여 확인해 보자.

3. 내 목소리를 녹음하여 들어보자.

MEMO

오드리 햅번의 명언

아름다운 입술을 갖고 싶으면 친절한 말을 하라.
사랑스러운 눈을 갖고 싶으면 사람들에게 좋은 점을 보여라.
날씬한 몸매를 갖고 싶으면 너의 음식을 배고픈 사람과 나누라.
아름다운 자세를 갖고 싶다면 옆에 누군가와 같이 걷고 있다고 생각하라.
아름다운 머리카락을 갖고 싶으면 하루에 한번 어린이가 손가락으로 너의 머리카락을 쓰다듬게 하라.
사람들은 상처로부터 복구되어야 하며
낡은 것으로부터 교화되어야 하며
고통으로부터 구원받아야 한다.
결코 누구도 버려서는 안 된다.
기억하라 만약 내가 도움을 주는 손이 필요하다면 너의 팔 끝에 있는 손을 이용하면 된다.
내가 더 나이가 들면 손이 두 개라는 것을 발견하게 될 것이다.
한손은 너 자신을 돕는 손이고 다른 한 손은 다른 사람을 돕는 손이다.

– 오드리 햅번

참고문헌

- 김민경(2005). 실용색채활용. 예림
- 김지아, 유정아, 박혜정(2016). 글로벌 매너 5W1H. 지식인
- 김춘경, 이수연, 이윤주, 정종진, 최웅용(2016). 상담학 사전. 학지사
- 박상희, 신정민, 조예원(2019). 비즈니스 커뮤니케이션. 대왕사
- 박혜정(2010). 고객서비스실무. 백산출판사
- 베탄 패트릭, 존 톰슨(2014). 1%를 위한 상식백과. 써네스트
- 심윤정, 고샛별(2018). 직장예절과 비즈니스매너. 양성원
- 심윤정, 고샛별, 최욱희, 이수명(20186. 서비스 마인드와 글로벌 매너. 양성원
- 오정주, 오인아(2017). 비즈니스 매너와 글로벌 에티켓. 한올
- 이동귀(2016). 너 이런 심리법칙 알아?. 21세기북스
- 이선경, 이홍림(2016). 비주얼 이미지 메이킹. 구민사
- 이재희 공저(2018). 대인관계능력과 의사소통능력. 양성원
- 정성휘(2013). 비서직 진출준비와 면접실무. 한올
- 조인환(2019). 국제매너. 대왕사
- 최인희 공저(2018). 고품격 서비스 통매너. 양성원
- 홍순아. 끌리는 사람이 되기위한 이미지 컨설팅. 가림출판사
- ㈜ KJ아카데미(2010). Image making Manner & Attitude. 강남대학교

웹사이트

- [네이버 지식백과] 삼강오륜 [三綱五倫] (두산백과)
- 위키백과
- 패션전문자료사전
- 표준국어대사전
- 한국직업능력개발원
- 1%를 위한 상식백과
- DVORA Beauty Clinic
- KOTRA 해외시장뉴스
- V Blancato, 1988 – Google Patents
- http://www.gnnews.co.kr (경남일보)
- http://cafe.naver.com/cosmania/23822414
- http://human-research.co.kr-표정
- http://www.doopedia.co.kr
- http://www.incruit.com/ (인쿠르트)
- https://www.nongmin.com/plan/PLN/SRS/291296/view-농민신문-명함

저/자/소/개

■ 김수인

경남대학교 대학원 언론홍보학석사
전) 대한항공 객실 부사무장
경상남도 공무원 면접위원
현) 한국관광대학교 항공서비스과 겸임교수
마산대학교 간호학과 외래교수

■ 김윤숙

한국항공대학교 대학원 경영학박사
전) 대한항공 객실 부사무장
인천재능대학교 겸임교수
인하공업전문대 외래교수
현) 한국관광대학교 항공서비스과 조교수
한국항공경영학회 이사
항공서비스교육연구회 이사

■ 정영미

경기대학교 관광전문대학원 관광학박사
전) 대한항공 객실 사무장
경기대학교, 세종대학교, 부천대학교 외래교수
생산성본부 취업 컨설턴트
현) 한서대학교 항공관광학과 교수
관광경영학회 이사
한국관광레저학회 이사

글로벌 에티켓과 이미지 메이킹

1판 1쇄 인쇄 — 2019년 9월 5일
1판 1쇄 발행 — 2019년 9월 10일

저 자 - 김수인 · 김윤숙 · 정영미
발 행 인 - 강철원
발 행 처 - 양성원
주 소 - 경기도 파주시 검산로 173번길 29-20
전 화 - 031-946-3861(代)
팩 스 - 031-946-3864
이 메 일 - tnwpub@naver.com
홈페이지 - tnwpub.co.kr
출판등록 - 2015년 8월 31일 제 2015-000211 호

ISBN 979-11-6126-208-6

정가 19,000원